Début d'une série de documents
en couleur

PIERRE CHAUVELOT

DIT LE PÈRE BON-SENS

OU

DÉSINTÉRESSEMENT ET ÉGOÏSME

PAR

JUST GIRARD

TOURS

ALFRED MAME ET FILS

ÉDITEURS

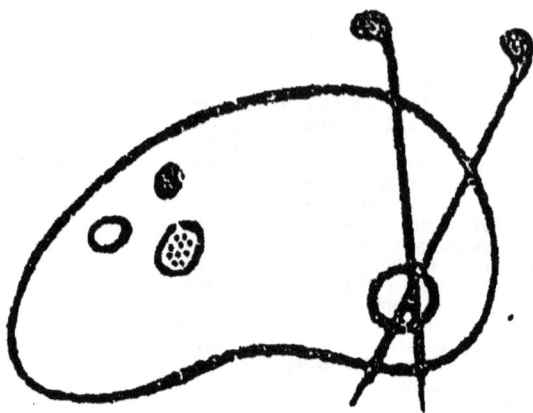

Fin d'une série de documents
en couleur

PIERRE CHAUVELOT

—

4e SÉRIE IN-12

Ils aperçurent les murs du petit oratoire rustique.
(P. 9.)

PIERRE
CHAUVELOT

DIT LE PÈRE BON-SENS

ou

DÉSINTÉRESSEMENT ET ÉGOISME

PAR JUST GIRARD

HUITIÈME ÉDITION

Cherchons avant tout la gloire de Dieu,
le reste nous sera donné par surcroît.

TOURS

ALFRED MAME ET FILS, ÉDITEURS

1884

PIERRE CHAUVELOT

CHAPITRE I

La chapelle de Notre-Dame-des-Bois.

Dans les derniers jours d'octobre 1840, un homme d'une quarantaine d'années, vêtu d'une blouse grise et d'un pantalon de toile, et coiffé d'un bonnet de laine, cheminait lentement sur la route de Longuay à Brugey, commune de l'arrondissement de Gray, département de la Haute-Saône. Il était suivi, à distances inégales, par trois enfants : une petite fille de dix à onze ans, et deux petits garçons, l'un âgé de huit ans, et l'autre de six à peine.

Les trois pauvres enfants, malgré tous leurs efforts, avaient peine à suivre leur conducteur, quoique celui-ci tâchât de conformer sa marche à la leur, et quoi de temps en temps il s'arrestât même pour attendre ses petits compagnons.

« Allons, mes enfants, leur disait-il, un peu de courage; nous allons arriver à la chapelle de Notre-Dame-des-Bois; vous vous y reposerez un quart d'heure, et de là nous n'aurons plus qu'une petite lieue pour arriver à Brugey.

— Ah! monsieur Nicolas, répondit la petite fille, je ne sais pas comment nous ferons pour arriver jusque-là; mon petit frère Michel ne peut plus marcher, et Joseph aussi commence à se fatiguer.

— Et toi, Jeanne, tu n'es pas lasse?

— Je le suis bien un peu; mais c'est égal, je me sens encore la force de vous suivre.

— Eh bien, mon enfant, quand nous serons arrivés à Notre-Dame-des-Bois, tu prieras de tout ton cœur la sainte Vierge de donner de la force à tes jeunes frères, et tu verras qu'ils feront facilement le reste de la route; car jamais on n'a invoqué en vain le secours de Notre-Dame-des-Bois. Puis, arrivés à Brugey, vous aurez le temps de vous reposer, tandis que moi, il faut que je retourne à Longuay, et mon maître m'a recommandé d'être rentré avant la nuit... Mais, tenez, voilà la chapelle, là, à une petite portée de fusil, au milieu de ce bouquet d'arbres. »

Et les enfants, suivant des yeux la direction qui leur était indiquée, aperçurent les murs du petit oratoire rustique, dont la blancheur contrastait avec le feuillage sombre et les troncs moussus des vieux ormes qui l'environnaient.

Cette vue sembla les ranimer, et ils se mirent à marcher avec une nouvelle ardeur. Leur conducteur, Nicolas, prit la main de Michel ; Joseph donna la sienne à sa sœur, et bientôt ils arrivèrent devant la chapelle.

Elle était fermée par une porte dont la partie supérieure était à claire-voie, permettant de voir tout l'intérieur. Un autel fort simple et sans ornements, sur lequel étaient placés deux chandeliers de bois peint, et quelques vases de fleurs naturelles assez fraîches ; au milieu, un petit tabernacle surmonté d'un crucifix de cuivre ; et enfin la statue miraculeuse de la Vierge, placée dans une petite niche pratiquée dans l'épaisseur du mur : tels étaient les objets qui garnissaient la chapelle. Du reste, tout cela était propre et bien tenu, et faisait deviner les soins d'une main pieuse dévouée au culte de Marie.

Tout le cintre extérieur de la porte était garni de couronnes d'immortelles et de bouquets de fleurs des champs, touchantes et simples offrandes qui témoignaient de la piété des habitants du pays envers la reine des cieux.

En effet, Notre-Dame-des-Bois était en grande vénération dans la contrée, et on lui attribuait un certain nombre de miracles. Selon une vieille légende soigneusement conservée par la tradition, un jour, à l'époque où ce pays n'était qu'une immense forêt, des bûcherons ayant abattu un vieux chêne trouvèrent sous l'écorce du tronc une statue de la sainte Vierge.

Le bruit de la découverte faite par les bûcherons s'étant promptement répandu, le curé de Brugey vint processionnellement enlever la statue et la transporter dans son église; mais, dès la nuit suivante, cette statue revint d'elle-même sur le tronc de l'arbre où elle avait été trouvée.

Plusieurs fois la même tentative fut renouvelée, et toujours elle eut le même résultat.

On se décida alors à construire sur cet emplacement la chapelle qui existe encore aujourd'hui et qui a conservé le nom de Notre-Dame-des-Bois, quoique depuis bien des années les bois aient disparu des environs et aient été remplacés par des champs cultivés et par des prairies. Les vieux ormes qui entourent et ombragent la chapelle sont les seuls restes de l'antique forêt.

Dès que nos voyageurs furent entrés sous le petit porche élevé au-devant de la chapelle, Jeanne et Joseph se mirent à genoux sur les degrés de la porte; le petit Michel, accablé de fatigue, s'assit à côté d'eux, et Nicolas ôta son bonnet et fit le signe de la croix. — Après quelques instants de silence, celui-ci dit à Jeanne et à Joseph : « Mes enfants, c'est assez rester à genoux, asseyez-vous maintenant, pour que vous soyez bien reposés quand nous partirons. »

Joseph ne se le fit pas répéter, et s'assit aussitôt auprès de son frère ; mais Jeanne répondit : « Je n'ai pas besoin de m'asseoir ; depuis que j'ai prié la sainte Vierge de nous donner des forces, je ne sens plus aucune lassitude.

Maintenant je voudrais la prier pour qu'elle disposât notre cousin Malsang à nous accueillir favorablement. J'ai toujours peur que nous n'en soyons mal reçus.

— Comme tu voudras, mon enfant, » répondit Nicolas.

A peine achevait-il ces mots qu'on entendit le bruit d'un chariot qui s'avançait sur la route, et qui s'arrêtait devant la chapelle. Presque au même instant, un homme couvert d'une limousine entra sous le porche. Sans paraître faire attention aux personnes qui s'y trouvaient, il ôta son chapeau, se signa et adressa une courte prière à la sainte Vierge.

Cet homme pouvait avoir cinquante ans au plus ; ses cheveux étaient grisonnants ; sa physionomie était pleine d'intelligence et de bonhomie ; si son œil pénétrant inspirait une sorte de crainte à ceux qui ne le connaissaient pas, en revanche son sourire bienveillant provoquait la sympathie. Ses manières, sans avoir cette politesse recherchée des gens du monde, n'avaient pas non plus la rusticité ordinaire aux habitants des campagnes. On reconnaissait facilement qu'il n'avait pas toujours habité son village, qu'il avait dû parcourir le monde et résider à la ville.

Sa prière terminée, le nouveau-venu s'adressant à Nicolas, lui dit avec bonté : « Où allez-vous donc comme ça, mon brave homme, avec ces enfants ? Excusez si je me permets de vous adresser cette question ; mais il y a plus d'une demi-heure que je vous ai aperçus devant moi sur la route, et je voyais à la démarche de ces pauvres petits qu'ils étaient fatigués. J'aurais désiré être près de vous pour les faire monter dans ma voiture ; mais c'est en vain que j'ai voulu presser le pas de mon cheval : la pauvre bête est harassée de sa journée ; puis ce n'est pas facile de faire prendre le trot à un cheval de labour. Enfin je vous ai rejoints ici, et si vous allez du côté de Brugey, vos petits compagnons seront sans doute bien aises de ne pas faire à pied une lieue qui nous sépare encore du village.

— Ma foi, ce n'est pas de refus, monsieur Bon-Sens, reprit Nicolas, et je vous en remercie au nom de ces pauvres enfants, dont les petites jambes ne sont pas accoutumées à faire d'aussi longues traites.

— Tiens, vous me connaissez donc? repartit l'étranger que Nicolas avait appelé monsieur Bon-Sens.

— Il n'y a rien d'étonnant à cela, Monsieur ; nous sommes de Longuay, et vous êtes aussi connu dans notre commune que vous pouvez l'être à Brugey.

— Moi aussi je connais presque tout le monde de Longuay, et cependant je vous avouerai que je ne me rappelle guère votre figure et pas du tout votre nom.

— Oh! c'est que ma figure a bien changé depuis la dernière fois que vous m'avez vu, et il n'y a pourtant de cela que deux ans ; mais j'ai fait une bien grave maladie, qui m'a tenu pendant trois mois entre la vie et la mort, et qui m'a vieilli au moins de dix ans. J'ai maigri de plus de trente livres : à preuve qu'on m'appelait autrefois le gros Nicolas, tandis que maintenant on m'appelle Nicolas tout court.

— A présent je crois vous reconnaître : n'étiez-vous pas au service de M. Bergeret, le maire de Longuay?

— Et j'y suis encore, Monsieur, et je n'en sortirai jamais de ma propre volonté ; car nulle,

part je ne trouverai un aussi bon maître. C'est
lui qui m'a soigné pendant ma maladie, et qui
a payé le médecin et les médicaments. Pendant
ma convalescence il a pris des hommes de journée pour faire ma besogne, et il n'en a pas
moins continué de payer mes gages, en me
disant que j'avais contracté ma maladie à son
service, et que c'était à lui d'en supporter tous
les frais jusqu'à mon entier rétablissement. Aujourd'hui que nous sommes dans les plus forts
travaux des semailles, il ne veut pas que je
touche le manche d'une charrue, sous prétexte
que mes forces ne sont pas encore revenues.
Et quand je lui dis : « Mais, notre maître, je
« ne peux pourtant pas rester toute la jour-
« née sans rien faire, comme un vrai fai-
« néant, quoi ! » alors, pour ne pas me con-
trarier, il me donne quelque commission à
faire à droite ou à gauche, porter une lettre
à M. le juge de paix, des papiers à la sous-
préfecture à Gray, et autres bagatelles de ce
genre. C'est ainsi que ce matin il m'a dit :
« Nicolas, tu vas aller à Brugey conduire les
« petits Rafanel chez leur cousin, à qui tu re-
« mettras cette lettre de ma part. Puis il nous

a bien fait déjeuner, les enfants et moi ; il a mis
du pain et du vin dans ma carnassière, au cas
que nous eussions quelque besoin en route ; et
puis nous sommes partis.

— Ce que vous me dites de M. Bergeret ne
m'étonne pas, et ne m'en fait pas moins grand
plaisir ; car on aime toujours à entendre raconter les bonnes actions d'un homme de bien.
D'un autre côté, je vois aussi avec satisfaction
qu'il n'a pas obligé un ingrat, et cette reconnaissance que vous inspirent les bontés de votre
maître montre que vous en étiez digne.

— Merci, monsieur Bon-Sens, de la bonne
opinion que vous avez de moi : je tâcherai
toujours de la mériter, ce sera un sûr moyen
d'être agréable à notre maître ; car il vous
tient en grande estime, et il ne parle jamais
de vous que comme un homme de bon conseil et...

— Mon bon Nicolas, interrompit M. Bon-
Sens, dont la modestie souffrait de ces éloges
à brûle-pourpoint, c'est assez nous amuser à
causer, il est temps de nous mettre en route :
et nous pourrions tout aussi bien continuer
notre conversation en marchant. « — Allons,

mes petits amis, poursuivit-il en s'adressant aux enfants, qui est-ce qui monte le premier dans mon carrosse? » Et tout en disant ces mots il prenait dans ses bras le petit Michel, et le portait dans sa voiture.

Joseph et Jeanne s'étaient en même temps approchés du chariot, et Nicolas les aidait à y monter. Le père Bon-Sens les fit asseoir sur une botte de paille, et les couvrit tous les trois de sa limousine, malgré les réclamations de Jeanne et de Nicolas. Il insista en disant que sa limousine l'échaufferait et gênerait son allure, tandis que les enfants, qui étaient très légèrement vêtus, pourraient être saisis par le froid à la suite d'une marche au-dessus de leurs forces.

Il fallut bien lui céder. Il voulait faire monter aussi Nicolas; mais celui-ci s'y opposa énergiquement, et prétendit qu'il se fatiguerait plus sur le chariot qu'en allant à pied. Le fait est qu'il préférait tenir compagnie à M. Bon-Sens.

Ces arrangements terminés, au moment où le chariot allait se remettre en route, Nicolas s'approche de Jeanne, et lui dit : « Eh bien,

Jeannette, tu vois que la sainte Vierge t'a exau-
cée, comme je te l'avais annoncé.

— Oh! oui, monsieur Nicolas, et même elle
m'a accordé plus que je ne lui avais demandé;
Reste à savoir si elle exaucera la seconde
prière que je lui ai adressée, comme elle a fait
pour la première.

— Faut l'espérer, mon enfant; en attendant, remercie M. Bon—Sens, dont la bienveil-
lance va vous épargner la fatigue du reste du
chemin. »

Celui-ci, qui avait entendu le dialogue, ne
laissa pas à la jeune fille le temps de lui adresser
des remerciements, selon la recommandation
de Nicolas, et il dit en souriant à ce dernier :
« Est-ce que Jeanne avait demandé à Notre-
Dame-des-Bois une grâce qui lui a déjà été
accordée?

— Oui, Monsieur, répondit Nicolas ; en
arrivant ici, ses petits frères étaient accablés
de fatigue ; elle a prié la sainte Vierge de leur
donner la force d'aller jusqu'à Brugey, et sa
prière était à peine achevée que vous êtes arrivé en leur offrant de les transporter jusque-
là dans votre voiture : voilà pourquoi elle dit

que la bonne Vierge lui a a accordé plus qu'elle ne lui a demandé.

— En ce cas, ma fille, reprit gravement le père Bon-Sens, ce n'est pas moi, c'est la sainte Vierge seule que vous devez remercier. » Puis, élevant la voix et faisant claquer son fouet : « Allons, mes amis, il est temps de nous mettre en route. — Hue, Poulot ! » A ce cri bien connu de Poulot, le cheval du père Bon-Sens releva la tête et appuya fortement les épaules contre son collier, les traits se raidirent et le lourd véhicule se mit en mouvement.

CHAPITRE II

Les orphelins.

Dès que le cheval eut commencé à marcher, le père Bon-Sens se porta de quelques pas en avant sur la gauche, et Nicolas s'empressa de le rejoindre. Ils marchèrent ainsi quelque temps en silence, si ce n'est que de temps en temps le père Bon-Sens faisait entendre de sa grosse voix son *hue, Poulot !* habituel. Nicolas aurait bien voulu qu'il lui adressât la parole le premier ; mais son compagnon paraissait plongé dans quelques réflexions qui absorbaient toutes ses pensées, et il n'osait l'interrompre. A la fin pourtant il se décida à rompre un silence qui commençait à lui peser, en employant une de ces formules vulgaires à

l'usage des gens qui veulent parler pour ne
rien dire : « Le temps pourrait bien ne pas
rester au beau, et je crains que demain il ne
fasse tout à fait mauvais.

—Cela se pourrait bien, » répondit le père
Bon-Sens d'un air distrait en faisant claquer
son fouet et en accompagnant ce mouvement
d'un *hue, Poulot!* fortement accentué.

Cette réponse laconique déconcerta un instant Nicolas ; il ne voulut pas cependant
laisser tomber aussi brusquement la conversation, et pour la ranimer il résolut de s'adresser
plus directement à son silencieux compagnon,
tout en paraissant continuer ses observations
météorologiques. « Non seulement je crois,
moi, que cela se pourrait, mais je crois que
cela sera. Sentez-vous comme le *mauvais vent*
(le nord-ouest, ainsi appelé dans ce pays)
fraîchit depuis quelques instants ? M'est avis,
monsieur Bon-Sens, que vous avez eu tort de
vous débarrasser de votre limousine.

— Mon cher Nicolas, si vous voulez m'o-
bliger, c'est de ne plus m'appeler monsieur
Bon-Sens, d'abord parce que ce n'est pas mon
nom : je m'appelle Pierre Chauvelot ; on m'a

donné le surnom de Bon-Sens, je ne sais trop pourquoi, si ce n'est parce que j'ai souvent ce mot à la bouche et dans la conversation ; et maintenant je suis tellement connu sous ce sobriquet, que beaucoup de personnes sont persuadées que c'est mon vrai nom, et ne m'en soupçonnent pas d'autre. J'ai donc accepté ce surnom, et j'y réponds comme à mon nom véritable quand on dit simplement père Bon-Sens, et non pas monsieur Bon-Sens ; car je ne suis pas un *Monsieur*, je suis un paysan, un simple laboureur comme vous, me mêlant à mes moments perdus de quelques travaux de menuiserie, de tonnellerie et au besoin de charronnage, ce qui pourrait au plus valoir le titre d'ouvrier, mais non pas celui de Monsieur. » Et un nouveau *hue, Poulot!* avec accompagnement de clic-clac, termina la période.

« Vous pensez bien que je ne disais pas cela pour vous offenser, répondit Nicolas. Seulement, quoique par modestie vous vouliez vous rabaisser à mon niveau, je sais toujours bien la différence qu'il y a entre nous deux. Je ne suis qu'un simple domestique ; et vous, si

vous êtes un simple laboureur ou ouvrier,
vous êtes votre maître, et personne n'a le droit
de vous commander. Enfin, c'est égal, puisque
cela peut vous être agréable, je vous appelle-
rai désormais père Bon-Sens, comme notre
maître et tous les gros fermiers vous appellent.
J'en reviens à mon dire de tout à l'heure, qui
est que votre limousine doit vous faire faute
par ce vent piquant ; et, si vous voulez, j'irai
vous la chercher ; j'envelopperai les enfants
dans la paille, et ils ne sentiront pas le froid.

— Non, non, reprit vivement le père Bon-
Sens, je ne le souffrirai pas. Ces pauvres enfants
sont trop jeunes pour ne pas être sensibles
à la fraîcheur de l'atmosphère ; pour moi, je
suis endurci à toutes les rigueurs du temps.
D'ailleurs, j'ai sous ma blouse une bonne veste
de drap doublé, et je ne crains pas d'attraper
un rhume de cerveau pendant les trois quarts
d'heure qu'il nous faut pour atteindre le village, tandis que ces pauvres petits s'enrhume-
raient certainement et gagneraient peut-être
une fluxion de poitrine, si j'avais la barbarie
de leur ôter la couverture... Mais n'avez-
vous pas dit tout à l'heure que leur nom de

famille est Rafanel? Seraient-ce par hasard
les enfants de Jean-Baptiste Rafanel, l'ancien
meunier du moulin des Brosses, près de
Longuay?

— Hélas! oui : est-ce que vous avez connu
leur père?

— Très peu. Je le rencontrais quelquefois
au marché de Gray, où il faisait dans un temps
de grandes affaires; mais il paraît qu'il en
a fait aussi de mauvaises, et qu'il est mort
ruiné.

—Plus que ruiné ; car ses créanciers, après
avoir fait vendre tout ce qu'il avait, n'ont pas
même été payés de la moitié de ce qui leur était
dû. .Ce qu'il y a de plus malheureux pour
les enfants, c'est que leur mère avait répondu
pour son mari, de sorte que son bien y a
passé aussi complètement, qu'elle est morte
elle-même de chagrin il y a un mois à peine, et
qu'elle n'a pas laissé une épingle pour héritage
à ses enfants.

— Oh! quel malheur! s'écria douloureuse-
ment le père Bon-Sens. Et ces pauvres orphelins n'ont-ils personne pour s'occuper d'eux?

— Ah! vous savez, père Bon-Sens, les

malheureux n'ont pas d'amis. Leur père, aux
jours de sa prospérité, n'en manquait pas ; il
menait joyeuse vie dans ce temps-là ; c'était
toujours table ouverte au moulin des Brosses ;
les amis affluaient de tous côtés ; mais quand
la misère y est arrivée, les amis ont disparu
comme une ombre. Ceux qui étaient les plus
assidus à sa table ont été les premiers à lui
jeter la pierre, et à l'accuser de désordre et
d'inconduite.

— Ce que vous dites là, mon pauvre Nicolas, n'arrive que trop souvent ; mais enfin ces
pauvres enfants ne sont pas cause des fautes
de leur père ; et pourtant il ne s'est pas trouvé
parmi ces anciens amis de leur famille un seul
qui voulût les protéger ou leur accorder quelque
secours?

— Pas un seul ; et sans une pauvre femme
qui avait été nourrice des deux petits garçons,
et qui les a pris chez elle avec leur sœur après
la mort de leur mère, les pauvres orphelins
couraient risque de mourir de faim.

— Mais c'est à fendre le cœur ce que vous
me racontez : et M. Bergeret, votre maître,
dont je connais l'âme compatissante, comment

1*

n'est-il pas venu au secours d'une telle infortune ?

— Notre maître ne connaissait pas tous ces détails ; d'abord il était absent pour un voyage qu'il était allé faire à Dijon au moment de la mort de la femme Rafanel ; puis, comme le hameau des Brosses, quoique faisant partie de la commune de Longuay, en est éloigné de plus de quatre kilomètres, les relations ne sont pas très fréquentes, excepté le dimanche, quand les habitants de ce hameau viennent à la messe ; mais depuis six mois nous manquons de curé ; c'est tantôt le vicaire de Louvigny, tantôt celui de Sarcennes qui viennent officier le dimanche ; et les gens des Brosses trouvent plus commode d'aller à la Ferté, qui n'est pas plus loin de chez eux que Longuay, où ils sont sûrs d'avoir la messe à heure fixe ; ce qui n'a pas toujours lieu chez nous, à cause des retards imprévus qu'éprouvent souvent nos desservants provisoires. Ainsi une quinzaine de jours se passa sans qu'on sût à Longuay la situation des enfants Rafanel. M. Bergeret l'apprit à son retour de Dijon ; et aussitôt il m'envoya chez la nourrice recueillir des renseignements certains, et en même temps pour lui remettre une somme de dix francs comme premier secours. J'ai souvent dans ma vie eu sous les yeux le tableau de la misère; mais je n'en ai jamais vu de plus navrant; aussi je renonce à le tracer, car je ne pourrais pas trouver d'expressions pour le peindre avec exactitude ; qu'il me suffise de vous dire que cette pauvre nourrice a par devers elle quatre enfants, ce qui faisait sept avec les trois qu'elle avait recueillis, et le jour où je la visitai il ne restait plus pour nourrir cette famille, composée de neuf personnes en comptant le père et la mère, qu'un demi-boisseau de pommes de terre et trois livres de pain bis.

« Quand je rapportai ce que j'avais vu à notre maître, il voulut aller lui-même aux Brosses le lendemain; il mit dans sa voiture un petit sac de farine, un quartier de lard, des pommes de terre et quelques autres provisions. Il prit des informations auprès de la mère nourrice sur la famille des orphelins, et c'est alors qu'il apprit que leur plus proche parent habitait la commune de Brugey. »

— Comment le nommez-vous ? demanda aussitôt le père Bon-Sens.

— M. Malsang.

— M. Malsang ! mais c'est le plus riche de notre commune, et même de toutes les communes environnantes, à l'exception peut-être de M. le marquis de Villebois.

— C'est bien ce qu'a dit notre maître ; et comme il paraît qu'il le connaît pour s'être trouvé une fois ou deux avec lui au jury à Vesoul, il a pensé qu'il ne ferait pas difficulté de se charger de placer ces enfants, qui sont ses plus proches parents.

— Ses plus proches parents ? reprit le père Bon-Sens après avoir réfléchi quelques instants ; ma foi, oui, c'est vrai : la femme Rafanel était une Malsang, fille de Thomas Malsang, de la Ferté, et Thomas Malsang était frère de Philippe Malsang, père de M. Antoine Malsang de Brugey ; par conséquent la femme Rafanel était sa cousine germaine, et ses enfants sont ses cousins issus de germains ; et comme il n'a ni frère ni sœur, ni neveux, ni nièces, ce sont, en effet, ses plus proches parents.

— C'est bien aussi ce qu'a dit M. Bergeret,

en ajoutant : « Dieu merci ! les voilà maintenant
« à l'abri du besoin, ces petits malheureux ;
« car il n'est pas possible qu'en apprenant leur
« position, leur cousin ne se fasse pas un hon-
« neur et un plaisir d'en prendre soin. »

— Je reconnais bien là le bon cœur de
M. Bergeret, qui juge tous les autres d'après
lui-même ; mais il pourrait bien s'être trompé
à l'égard de M. Antoine Malsang. Cependant,
reprit le père Bon-Sens comme s'il avait craint
de s'être trop avancé, Dieu me garde de porter
un jugement téméraire sur un homme que
je connais fort peu, quoiqu'il habite notre
commune depuis plus de dix ans ; mais il vit
très retiré, il ne voit absolument personne, et
je ne lui ai parlé que cinq ou six fois pour des
travaux de menuiserie qu'il a fait exécuter
dans sa maison.

— Oh ! c'est bien aussi ce qu'on a dit quand
il a été question de lui, reprit Nicolas. S'il
passe pour l'homme le plus riche du pays, il
passe aussi pour l'homme le plus dur, le plus
avare, le plus égoïste. C'est ce que je me suis
permis de dire à notre maître, quand il m'a
chargé de la commission. « Bah ! m'a-t-il ré-

« pondu, il ne faut pas toujours croire aux
« propos des médisants ; quand il serait aussi
« dur qu'on le dit, il serait impossible qu'il ne
« s'attendrît pas à la vue de ces pauvres or-
« phelins, et au tableau que je lui trace, dans
« ma lettre, de leur position. »

— Oh ! ça, c'est vrai, et rien que la vue de
ces enfants et la connaissance de leurs malheurs sont faites pour toucher l'âme la plus
insensible ; aussi je me repens du doute que
j'ai exprimé tout à l'heure ; et quoiqu'on ac-
cuse M. Malsang de dureté et d'égoïsme, j'aime
à croire, non pas qu'il recevra ces enfants
avec cette tendresse et cette cordialité qui
caractérisent les hommes dont le bonheur est
de répandre des bienfaits, mais au moins avec
ces égards que l'on doit à des êtres faibles et
dénués, surtout quand ils nous sont attachés
par les liens du sang.

— Ce serait très heureux pour eux ; car
c'est là leur dernière ressource. Les deux
petits garçons sont trop jeunes pour le com-
prendre ; mais leur sœur, qui a près de onze
ans, et déjà une raison au-dessus de son âge,
l'a fort bien senti : c'était l'objet de la seconde

prière qu'elle adressait à Notre-Dame-des-Bois,
et à laquelle elle faisait allusion quand elle
disait tout à l'heure : « Reste à savoir si la
« sainte Vierge exaucera ma seconde prière
« comme elle a exaucé la première. »

— J'aime à voir de tels sentiments de piété
dans une petite fille ; cela prouve en faveur
de la mère qui les a inspirés, et en faveur de
l'enfant qui s'en est pénétrée. Je dirai comme
vous avez dit à Jeanne : Il faut espérer qu'une
prière si touchante, sortie d'un cœur si pur,
sera entendue. »

Tout en causant ainsi, on arriva au village.
Le cheval s'arrêta de lui-même à l'entrée d'une
maison de fort simple apparence, qui servait
d'habitation au père Bon-Sens. Aussitôt une
femme de quarante-cinq ans environ, vêtue
comme les paysannes du pays, mais avec une
certaine propreté assez rare dans les villages
de Franche-Comté, ouvrit la porte et parut
sur le seuil. Sa figure avait cette placidité qui
annonce le calme de l'âme et l'égalité d'hu-
meur. On a deviné que c'était la femme du
père Bon-Sens, et il eût été difficile de rencontrer un couple mieux assorti.

Les deux époux échangèrent ensemble un salut amical avec ces seuls mots : « Bonjour, Thérèse. — Bonjour, Pierre. » Puis le père Bon-Sens s'occupa de faire descendre les enfants de sa voiture, tandis que Nicolas dételait Poulot.

« Jean-Pierre ! Jean-Pierre ! appela à plusieurs reprises la mère Thérèse, viens donc aider ton père à débarrasser la voiture, et conduire le cheval à l'écurie. »

A cet appel on entendit une voix fraîche répondre avec empressement : « J'y vas, maman, me voilà. » Et presque aussitôt un jeune garçon de quatorze ans accourut tout essoufflé, en s'excusant de n'être pas venu plus tôt, parce qu'il n'avait pas entendu l'arrivée de la voiture, occupé qu'il était à blanchir à la demi-varlope quelques planches de chêne [1]. « C'est bien, mon garçon, lui dit son père, tu vas conduire le cheval à l'écurie, et lui donner sa provision de foin. »

[1] On appelle *blanchir une planche*, en termes de menuiserie, la dégrossir, lui donner la première façon, à l'aide du rabot ou de la demi-varlope, qui n'est elle-même qu'une espèce de rabot plus long que les autres.

Pendant ce temps-là il avait fait descendre les enfants de la voiture, et les avait présentés à sa femme en lui disant : « Va mettre une brassée de sarments sur le feu, pour dégourdir un peu ces pauvres petits ; puis tu iras nous tirer une bouteille de vin ; cela leur donnera des forces pour aller jusqu'au château.

— Comment ! ces enfants vont au château ? fit d'un air ébahi la mère Thérèse.

— Oui : qu'il y a-t-il là d'étonnant ? Mais je te conterai cela tout à l'heure en cassant une croûte, car je n'ai rien pris depuis ce matin, et le grand air donne de l'appétit. »

La mère Thérèse n'insista pas ; elle apporta un fagot de sarments, que son mari fit lui-même flamber pendant qu'elle allait à la cave, en revenait et mettait le couvert.

Nicolas, qui avait accompagné Jean-Pierre à l'écurie pour l'aider, rentra bientôt avec ce dernier. » Allons, mon brave compagnon de voyage, lui dit le père Bon-Sens, venez vous reposer un instant et boire un coup avant de vous remettre en route, car vous avez encore près d'un kilomètre à faire.

— Vous êtes bien honnête, merci, M'sieur...,

père Bon-Sens, répondit Nicolas tout en prenant une chaise et s'asseyant gauchement à
une grande distance de la table. Mais pardon,
excuse, vous dites qu'il nous reste encore un
kilomètre à faire; est-ce que nous ne sommes
pas ici à Brugey? et M. Malsang ne demeure-
t-il pas dans cette commune?

— Oui, mon garçon, vous êtes à Brugey, et
M. Malsang habite la commune, mais elle est
grande, et la maison qu'il occupe, et qu'on
appelle le château parce qu'elle a été bâtie sur
l'emplacement de l'ancien manoir féodal des
seigneurs de Brugey, se trouve tout à fait à
l'autre extrémité du bourg, et d'ici il y a bien
un kilomètre de distance, et encore faut-il
prendre le chemin le plus court; mais je vous
ferai conduire par Jean-Pierre ou par son
frère Baptiste. Mais à propos, où est-il donc,
Baptiste? est-ce qu'il n'est pas encore revenu
de l'école?

— Pas encore, dit la mère Thérèse; mais il
ne tardera pas à arriver; car je viens de voir
passer le fils du voisin Guillaume, et il m'a
dit que le maître avait retenu Baptiste pour je
ne sais quelle commission. »

Tout en causant, la mère Thérèse avait coupé trois tartines de bon pain blanc, et les avait recouvertes de beurre; elle les distribua aux enfants en leur demandant à chacun leur nom. De son côté, le père Bon-Sens faisait les honneurs de sa table à Nicolas, qui se faisait beaucoup prier pour manger un morceau de fromage et boire un verre de vin.

Le père Bon-Sens raconta ensuite à sa femme toutes les circonstances de sa rencontre avec les enfants Rafanel; puis leur histoire, leurs malheurs et la seule ressource qui leur restait.

Pendant ce temps-là Baptiste, le plus jeune des fils du père Bon-Sens, était arrivé. Les enfants et Nicolas s'étaient suffisamment reposés; celui-ci témoigna le désir d'achever de remplir sa mission. « Allez, lui dit le père Bon-Sens, et bonne chance. Dans tous les cas, entrez ici en vous en retournant; vous me rendrez compte du résultat de votre démarche!

— Je n'y manquerai pas. » Et il s'éloigna avec les enfants et Baptiste, qui leur servait de guide.

Quand ils furent partis, la mère Thérèse dit

à son mari : « Je n'ai rien voulu dire devant ces pauvres orphelins et leur conducteur ; mais je ne partage pas l'espoir de M. Bergeret ni le tien.

— Pourquoi cela ?

— Parce qu'il y a une chose à laquelle ni lui ni toi n'avez pensé. S'il n'y avait que M. Malsang tout seul, peut-être en aurait-on obtenu quelque chose, quoique avec difficulté ; mais il y a Mlle Catherine, la cuisinière, qui est depuis plus de vingt ans à son service, et qui est plus maîtresse que M. Malsang lui-même. Or elle compte tellement sur sa succession, qu'elle regarde déjà comme étant sa propriété personnelle tout ce qui appartient à son maître. Avec de pareilles idées, peut-on penser qu'elle verra de bon œil les parents de M. Malsang s'installer chez lui, ou tout au moins lui inspirer de l'intérêt, en recevoir des bienfaits et lui enlever une partie ou peut-être la totalité de l'héritage qu'elle convoite depuis tant d'années ?

— Je crois, ma chère amie, que tu exagères les choses ; les femmes sont toujours portées à dire du mal des personnes de leur sexe, et tu

n'es pas plus que les autres exempte de ce
petit travers. Pour moi, je ne croirai jamais
qu'un homme comme M. Malsang, qu'on ac-
cuse même d'être impérieux et despote dans
son entourage, ait laissé prendre un tel empire sur lui par une domestique. Je n'attends
pas de lui quelque acte d'une générosité large
et franche envers ses jeunes cousins : non, cela
n'est pas dans sa nature; mais il est impossible qu'il ne fasse pas quelque chose, et aucune influence extérieure ne l'en empêchera.
Voilà ce que j'espère, et surtout ce que je désire pour ces pauvres enfants.

— Je le désire aussi vivement que moi; mais
je ne l'espère pas.

— C'est ce que nous allons savoir dans un
instant. »

En effet, ils n'attendirent pas longtemps.

CHAPITRE III

Réception des orphelins au château. —
Portrait de M. Maisang.

Trois quarts d'heure s'étaient à peine écoulés depuis le départ de Nicolas et des enfants qu'on les vit tous revenir la consternation peinte sur le visage. Jeanne pleurait, et les deux petits sanglotaient en voyant pleurer leur sœur.

« Vous avez donc été mal reçus? demanda aussitôt le père Bon-Sens à Nicolas.

— Nous n'avons pas été reçus du tout, répondit celui-ci d'un ton piteux. En entrant dans la cour, j'ai rencontré une petite fille d'une quinzaine d'années, qui paraît être vachère, car elle sortait de l'écurie avec un seau

de lait qu'elle venait de traire; je lui ai demandé si l'on pouvait parler à M. Malsang.
« Vous voulez dire à Mlle Catherine? qu'elle
« m'a répondu. — Non, que j'ai fait, c'est à
« M. Malsang lui-même que je veux parler.
« — Dame! c'est qu'on ne parle pas comme
« ça à Monsieur; faut voir d'abord Mlle Cathe-
« rine. — Mais j'ai une lettre à lui remettre,
« à Monsieur, que j'ai fait d'un ton plus haut,
« car ça commençait à m'impatienter. — C'est
« égal, faut toujours voir Mlle Catherine, »
qu'elle répète avec obstination.

« Au même instant la porte de la maison
s'ouvre, et une femme s'avance sur le perron
en criant à la petite fille : « Lolotte, que veut
« cet homme?

« — Mam'selle, c'est un homme qui dit
« comme ça qu'il veut parler à Monsieur pour
« lui remettre une lettre, et je lui disais qu'il
« fallait s'adresser à vous. »

« Comme je m'avançais pour m'approcher
de Mlle Catherine, celle-ci m'arrêta en disant :
« Ne montez pas, vous saliriez mon perron
« avec vos souliers crottés. » Et, en disant ces
mots, elle descendit elle-même lestement les

marches, et se trouva aussitôt devant moi.
« Eh bien, que voulez-vous à M. Malsang? »
me dit-elle en m'abordant.

« Je veux lui remettre une lettre de la part
« de M. le maire de Longuay.

« — Donnez, je vais la lui porter, et vous
« attendrez ici sa réponse.

« — Mais, Mam'selle, il est nécessaire qu'il
« voie ces enfants, car c'est à leur occasion
« que M. le maire écrit à votre maître.

« — Et qu'est-ce que c'est que ces enfants?
« Encore des mendiants que nous envoie votre
« maire, comme si nous n'en avions pas déjà
« assez dans notre commune.

« — Ce ne sont pas des mendiants, Mam'selle,
« ce sont des cousins de M. Malsang, et même
« ses plus proches parents. »

« Là-dessus elle a rougi, et après avoir gardé
le silence pendant quelques instants elle m'a
dit d'un ton sec : « M. Malsang n'a point de
« proches parents; il n'a que des cousins si
« éloignés, qu'il ne les connaît pas, qu'il ne
« veut pas les connaître et qu'ils lui sont tout
« à fait étrangers. Ainsi il est parfaitement
« inutile que vous parliez à Monsieur : quant

« à la lettre, je vais la lui remettre, et dans un
« instant je vous apporterai la réponse. »

« Que pouvais-je faire? Il fallut bien céder,
et je lui donnai ma lettre. Dix minutes après
elle est descendue avec ce billet cacheté à l'a-
dresse de M. Bergeret, puis elle m'a donné
trois pièces de cinq francs en disant : « Voilà
« quinze francs que vous remettrez à M. le
« maire de Longuay, pour l'usage qui lui est
« indiqué dans cette lettre. Maintenant vous
« pouvez vous retirer.

« — Mais, Mam'selle, que j'ai répondu, ces
« enfants, qui ont déjà fait douze kilomètres
« aujourd'hui, ne peuvent pas recommencer
« ce soir une pareille route. Vous devriez au
« moins les coucher pour cette nuit, et de-
« main matin ils pourraient repartir.

« — Non, non, non, a-t-elle repris vive-
« ment; ça ne se peut pas, ça ne se peut pas...;
« bien certainement qu'ils ne coucheront pas
« ici... Prenez, si vous voulez, sur les quinze
« francs que je viens de vous remettre, de quoi
« les coucher à l'auberge ou payer une voi-
« ture, selon que cela vous conviendra mieux;
« mais partez, partez, dépêchez-vous d'em-

« mener ces enfants, et qu'ils ne reparaissent
« plus ici. »

« Tout en parlant, elle nous poussait, pour
ainsi dire, devant elle, et bientôt nous eûmes
dépassé la porte par laquelle nous étions entrés
dans la cour ; elle l'a refermée aussitôt sur
nous, et nous nous sommes tristement éloignés
de cette maison si peu hospitalière. En tournant
la tête, je vis Mme Catherine derrière la grande
porte grillée qui fait face à l'avenue par où nous
nous en retournions ; elle semblait nous suivre
des yeux, et, comme pour nous ôter l'envie de
revenir, elle avait détaché de sa niche un gros
chien de garde, dont les aboiements avaient
déjà passablement effrayé les enfants quand
nous étions entrés dans la cour. Elle paraissait
disposée à le lancer sur nous, s'il nous eût pris
fantaisie de retourner sur nos pas. Mais je
n'étais pas tenté d'exposer ces pauvres petits
aux rebuffades de cette mégère, plus méchante
encore que son dogue. Je ne suis pas peu em-
barrassé de ce que je dois faire, et je suis venu
vous demander conseil. »

Un instant de silence suivit le récit du bon
Nicolas. La mère Thérèse le rompit la première

en disant à son mari : « Tu vois, Pierre, que je
ne m'étais pas trompée au sujet de Mⁿᵉ Catherine, et de l'ascendant qu'elle a pris sur son
maître.

— Je conviens que tu avais bien jugé la servante ; mais je doute encore que tu aies bien
jugé le maître. Ce qui est arrivé tout à l'heure
est probablement du fait seul de cette fille,
qui abuse de la confiance de M. Malsang. Les
choses se seraient peut-être passées tout diffé-
remment, si M. Malsang avait vu les enfants et
si Nicolas lui avait parlé. Aussi c'était ce que
craignait Catherine, et j'en trouve la preuve
dans le soin qu'elle a pris d'empêcher entre
eux toute entrevue. Enfin je veux en avoir le
cœur net, et je suis résolu à faire une tentative
directe en faveur de ces orphelins, en allant
moi-même trouver M. Malsang. Mais auparavant il faut que je sache s'il ne fait pas dans
sa lettre à M. le maire de Longuay quelque
proposition plus convenable que nous ne l'ima-
ginons, d'après la manière dont sa servante a
reçu les enfants, et surtout d'après cette misé-
rable somme de quinze francs de la part d'un
homme dont la fortune connue s'élève à plus

de huit cent mille francs. Voici donc à quoi je
me suis arrêté : Nicolas va retourner à Longuay
y rendre compte de sa mission ; Jean-Pierre
l'accompagnera avec une lettre que je vais
écrire à M. Bergeret ; comme il serait trop tard
pour revenir ce soir, il couchera chez ce dernier, qui se fera, j'en suis sûr, un plaisir de
lui accorder l'hospitalité.

« — Oh çà ! vous pouvez y compter, interrompit Nicolas, qui écoutait de toutes ses
oreilles.

— Les trois orphelins, continua le père
Bon-Sens, coucheront ici ; nous trouverons
bien le moyen de les héberger pour une nuit :
n'est-ce pas, femme?

— Bien certainement, et même pour deux,
s'il le faut, répondit la mère Thérèse.

— Très bien. Toi, Jean-Pierre, tu auras
soin de te faire réveiller de bonne heure par
Nicolas et de partir dès qu'il fera jour, afin
d'être de retour ici au plus tard entre neuf et
dix heures du matin avec la réponse de M. le
maire. — Ce sera l'heure à laquelle on est le
plus sûr de rencontrer M. Malsang, car c'est
le moment de son déjeuner, et souvent il va

se promener tout le reste de la journée à travers ses domaines. »

Ces explications et ces instructions données, Nicolas et Jean-Pierre partirent.

Tout se passa comme l'avait arrangé le père Bon-Sens. Le lendemain, à neuf heures et demie, Jean-Pierre était de retour, enchanté de l'accueil qu'il avait reçu de M. Bergeret. Il rapportait une lettre de ce dernier à son père avec les quinze francs.

Dans cette lettre, le maire de Longuay, après avoir chaleureusement remercié le père Bon-Sens de l'intérêt qu'il prenait à des enfants étrangers pour lui, tandis que leur parent le plus proche les repoussait d'une manière indigne, lui annonçait que M. Malsang, dans sa lettre, lui déclarait qu'il ne pouvait rien faire pour ces enfants; il engageait M. le maire de Longuay à les envoyer à l'hospice général de Besançon, offrant au besoin d'écrire à un des administrateurs qu'il connaissait, pour lever les obstacles, s'il s'en présentait, à leur réception dans cet établissement. Les quinze francs remis à Nicolas étaient destinés à payer les frais du transport des enfants à l'hospice des orphelins ou enfants abandonnés. Il terminait sa lettre en approuvant fort la démarche que le père Bon-Sens se proposait de faire auprès de ce parent dénaturé, espérant qu'il en obtiendrait quelque secours moins dérisoire que la pitoyable aumône qu'il leur avait jetée. Il faudrait bien peu de chose pour les placer chez des fermiers et payer pendant quelques années leur entretien et leur nourriture, jusqu'à ce qu'ils eussent atteint l'âge de pourvoir par leur travail aux besoins de la vie.

Le père Bon-Sens, après avoir pris connaissance de cette lettre, ne perdit pas un instant pour se rendre auprès de M. Malsang. Mais avant d'introduire nos lecteurs auprès de ce personnage, il est bon de le leur faire connaître en quelques lignes.

Antoine Malsang, aujourd'hui riche propriétaire et capitaliste, avait commencé sa carrière par être petit clerc d'huissier, et s'était élevé peu à peu jusqu'au grade de premier clerc d'avoué, qu'il avait exercé dix ans, tant à Gray qu'à Besançon. Son intelligence des affaires lui avait acquis la confiance des patrons qu'il avait servis et de leur clientèle. Enfin, las de travailler pour les autres, il résolut de travailler pour son propre compte, et il fonda un de ces cabinets d'affaires où l'on fait de tout, où l'on se charge de tout, depuis les recouvrements des créances véreuses jusqu'aux liquidations de succession, aux ventes de fonds de commerce et d'immeubles, etc. Ce fut surtout ce dernier genre d'opération qui contribua à sa fortune. Il s'associa à la bande noire, qui était alors dans sa plus grande prospérité, et il gagna des sommes énormes à acheter des biens en gros et à les revendre en détail.

Enfin, à l'âge de quarante-cinq ans, après quelques spéculations qui lui avaient mal réussi, après surtout la faillite d'un de ses associés qui lui fit perdre une centaine de mille francs, il jugea prudent de se retirer complètement des affaires, et de jouir désormais tranquillement de la fortune qu'il avait amassée.

C'est alors qu'il vint habiter Brugey, dont il avait acheté l'ancienne terre seigneuriale dans le temps de ses opérations sur les immeubles.

M. Malsang était avare, mais non de cette avarice qui consiste à se priver de tout pour entasser des trésors, et qui n'a d'autres jouis-

sances que la contemplation d'un coffre-fort
bien garni. M. Malsang aimait ses aises; il
voulait être bien logé, bien vêtu, jouir de tout
le *confortable* qu'on peut se procurer avec de
l'argent, et surtout d'une table délicatement
servie, car il avait un goût prononcé pour la
bonne chère.

Sous ce rapport, le pays où il avait fixé sa
résidence était admirablement choisi; il abon-
dait en volailles, en poissons, en gibier de
toute espèce. Quoique tous ces objets y fussent
à très bas prix, M. Malsang en achetait rare-
ment, car ses fermiers étaient obligés par leurs
baux de lui fournir de la volaille, du beurre et
des œufs en quantité plus que suffisante pour
sa consommation; d'un autre côté, ses gardes
ne laissaient jamais manquer son garde-man-
ger de perdreaux, de bécasses, de lièvres,
selon la saison, ni son vivier de carpes, de
truites et de brochets. Ajoutons qu'il récoltait
dans ses jardins et ses vergers les légumes et
les fruits les plus délicieux, et nous aurons une
idée des jouissances gastronomiques qu'il était
à même de se procurer.

Mais il ne lui eût pas suffi d'avoir à sa dis-

position tous les éléments de ses jouissances,
il fallait encore une main habile et exercée
pour les mettre en œuvre.

Sous ce rapport encore il avait parfaitement
réussi en attachant à son service Mlle Catherine, le *cordon-bleu* le plus distingué des deux
Bourgognes, et qui de Besançon à Dijon ne
craignait pas de rencontrer une rivale de son
talent culinaire. Il avait fallu faire des sacrifi-
ces pour décider une femme d'un tel mérite à
venir s'enterrer dans un village, et une lutte
sérieuse s'était engagée entre l'avarice d'une
part, et la gourmandise de l'autre; mais
M. Malsang, en homme d'affaires intelligent,
avait su opérer une transaction entre ces deux
péchés capitaux. Mlle Catherine, après de longs
pourparlers, consentit à entrer à son service
moyennant des gages dont le chiffre n'avait
rien d'exagéré, mais avec de magnifiques pro-
messes pour l'avenir.

Il ne s'agissait de rien moins que d'un legs
de vingt mille francs qu'elle aurait sur la succession de son maître au bout de dix ans de
service, lequel legs serait augmenté de mille
francs par chaque année qu'elle demeurerait

avec lui au delà de ce temps, et s'élèverait
même à quarante mille francs, après la mort
de M. Malsang, si elle restait à son service
jusque-là. De plus, elle devait exercer une
espèce de surveillance sur les autres domestiques, ce qui lui donnait en quelque sorte la
qualité d'intendante de la maison, ou plutôt de
gouvernante; car ce fut le titre sous lequel elle
voulut être désignée en entrant chez lui.

M⁽ᵉ⁾ Catherine était de ces gens dont le fabu-
liste a dit :

> Laissez-leur prendre un pied chez vous,
> Ils en auront bientôt pris quatre.

Quand elle fut installée chez M. Malsang, elle
s'arrogea peu à peu toute l'autorité de la maison; elle fit renvoyer tous les anciens domestiques, elle les remplaça par ses parents ou par
des créatures à elle; enfin, comme le disait la
mère Thérèse, elle était devenue plus maîtresse
que M. Malsang lui-même; et ce n'était plus
sur un simple legs qu'elle comptait, mais sur
la succession tout entière de son maître.

Celui-ci, qui trouvait toujours sa table délicatement servie à l'heure et à la minute (car il

aimait l'exactitude), s'était facilement accoutumé à ce genre de vie, et avait fermé les yeux
sur l'importance que se donnait sa gouvernante.
Il avait fini par céder lui-même à l'ascendant
qu'elle avait pris sur son entourage, et, sans
s'en apercevoir, il se soumettait à ses moindres
volontés, tout en croyant faire encore les siennes.
C'est ainsi qu'elle était parvenue à lui faire entendre que, n'ayant point d'héritiers directs,
il était naturel et même de toute justice de
laisser sa fortune après lui à une personne qui
se serait dévouée à son service, y aurait sacri-
fié les plus belles années de sa vie, et l'aurait
soigné comme un père jusqu'à la mort, plutôt
que d'abandonner son héritage à des collatéraux éloignés, inconnus, qui le diviseraient,
le gaspilleraient, et ne conserveraient de lui
ni souvenir ni reconnaissance.

Ces considérations avaient pu produire de
l'effet sur l'esprit de M. Malsang. Il lui était
au fond parfaitement indifférent de savoir à
qui reviendrait son héritage après sa mort;
l'essentiel pour lui était de retarder autant
que possible cet instant fatal auquel il n'aimait
guère à songer; et si cela ne se pouvait pas,

au moins fallait-il passer le plus agréablement
possible les années qui lui restaient à vivre, et
escompter au besoin, pour se procurer ce bien-
être, sa succession à venir. Or il était évident
que si sa gouvernante avait l'espoir d'être son
héritière, elle redoublerait de soins et d'attentions pour lui, surtout s'il avait soin de lui faire
entendre que ce ne serait qu'à ces conditions
qu'elle pourrait compter sur un testament en sa
faveur. En conséquence, il lui fit voir un jour
un projet de testament dans lequel il l'instituait
sa légataire universelle; il n'y manquait que la
date et la signature pour qu'il fût complet.
« Quand j'aurai rempli, lui dit-il, ces deux
formalités, je vous remettrai cet acte; mais
j'attendrai pour cela que j'aie fait rentrer plusieurs créances en retard, et terminé le procès
que je soutiens encore contre la faillite de mon
ancien associé, parce que je ne veux vous laisser
ser aucun embarras dans ma succession. »

Catherine, enchantée, remercia beaucoup
son maître, tout en protestant qu'elle ne le
servait pas par intérêt, et que si jamais elle
avait le malheur de le perdre, elle ne s'en
consolerait de sa vie; et, en disant ces mots,

elle faisait semblant d'essuyer une larme avec le coin de son tablier.

A compter de ce jour, l'importance de Mᵉ Catherine prit des proportions immenses. Elle se voyait déjà propriétaire du beau domaine de Brugey, avec ses quatre fermes, qui rapportaient chacune de quatre à cinq mille francs, sans compter les redevances en nature; avec ses vastes prairies, qui chaque année produisaient un double revenu; avec sa forêt, dont les coupes se vendaient tous les ans de dix à quinze mille francs; et les rentes sur l'État, et les créances hypothécaires dont elle ne connaissait pas la valeur, mais qui n'était guère inférieure à celle des biens-fonds. Elle faisait les rêves les plus dorés. Elle montait parfois dans une chambre du premier étage dont la fenêtre donnait sur les jardins, sur la prairie, et sur une partie de la forêt. Autant que la vue pouvait s'étendre, on n'apercevait de là que les dépendances du domaine. Après être restée quelque temps en contemplation devant ce tableau, elle se disait avec une orgueilleuse satisfaction : Tout cela sera à moi!

C'était pendant qu'elle s'abandonnait sans le

moindre trouble à ces songes brillants, que
Nicolas s'était présenté tout à coup au château
avec les trois petits Rafanel. On conçoit facilement la réception qu'elle leur fit, et surtout le
soin qu'elle mit à les éloigner de la vue de
M. Malsang.

Elle n'aurait pas manqué de prendre les
mêmes précautions envers le père Bon-Sens,
quand il demanda à parler à M. Malsang;
mais Mlle Catherine était à mille lieues de se
douter que cet homme connût les orphelins
qu'elle avait si brutalement éconduits la veille,
et surtout qu'il vînt précisément pour parler
à son maître en leur faveur. M. Malsang l'em-
ployait quelquefois comme menuisier; plusieurs fois il lui avait vendu des bois de service; leurs relations avaient toujours été
faciles; rien donc d'extraordinaire dans cette
visite. Aussi Mlle Catherine, sans demander au
père Bon-Sens ce qu'il voulait, ne fit aucune
difficulté de l'introduire auprès de son maître;
seulement elle le fit attendre jusqu'à ce que
celui-ci eût achevé son déjeuner.

CHAPITRE IV

L'entrevue.

Le père Bon-Sens trouva M. Malsang dans sa salle à manger, encore entouré des débris d'un succulent déjeuner et occupé à prendre son café.

« Bonjour, père Bon-Sens, dit d'un air familier l'ancien clerc d'avoué, tout en savourant son moka : quel bon vent vous amène? »

M^ne Catherine était restée sous prétexte d'ôter le couvert, quoiqu'il y eût une bonne spécialement chargée de cette besogne; mais elle n'était pas fâchée de connaître l'objet de la visite du père Bon-Sens. Celui-ci se douta du manège, et, pour faire prendre le change à la gouvernante, il répondit avec beaucoup de naturel à la demande de M. Malsang :

« J'étais venu, Monsieur, pour savoir si vous n'auriez pas encore à vendre quelques billes de noyer dans le genre de celles que vous m'avez vendues l'année dernière.

— Mais oui, je crois en avoir encore une demi-douzaine.

— Je n'en aurais besoin que de deux ou trois.

— Ah! c'est que je tiens à me défaire du tout; vous prendriez naturellement les trois meilleures, et je trouverais difficilement à placer les autres.

— Après cela, si vous n'êtes pas trop déraisonnable sur le prix, je pourrais bien m'accommoder des six billes : voyons quel serait votre prix? »

Ici Mᵐᵉ Catherine, voyant la conversation engagée sur un sujet qui l'intéressait peu, sortit de la salle à manger, ferma la porte, et on l'entendit se diriger vers la cuisine.

« Mais avant de vous en dire le prix, continua M. Malsang, il faut que vous voyiez la marchandise.

— C'est inutile, je la connais. » Le père
Bon-Sens continua encore quelques instants la
conversation sur ce sujet, pour s'assurer que
Mme Catherine n'avait pas fait une fausse sortie ; puis, voyant qu'elle ne revenait pas, il
se décida à aborder directement le sujet de sa
visite. « Laissons là un instant, dit-il tout à
coup, les billes de noyer, nous y reviendrons
plus tard, j'ai pour le moment à vous parler
de quelque chose de plus intéressant.

— De quoi s'agit-il donc? demanda M. Malsang d'un air intrigué.

— Il s'agit de trois pauvres petits enfants au
sujet desquels M. le maire de Longuay vous a
écrit hier, et il m'a chargé de vous demander
quelles étaient vos intentions définitives à leur
égard.

— Je lui ai répondu par le porteur de sa
lettre.

— C'est vrai; mais il ne regarde pas cette
réponse comme étant votre dernier mot, d'autant plus qu'on n'a permis ni aux enfants, ni à
celui qu'il avait chargé de vous les présenter et
de vous exposer de vive voix leur situation,
de pénétrer jusqu'à vous; et il est persuadé,

comme je le suis aussi moi-même, que si vous aviez vu ces pauvres orphelins, si vous aviez connu l'étendue de leur malheur, vous vous seriez empressé d'adoucir leur sort, et vous n'auriez pas proposé d'envoyer à l'hospice, comme des enfants abandonnés, ces petits infortunés qui sont vos plus proches parents. »

A cette interpellation inattendue, M. Malsang resta un instant sans répondre. Il eut un moment la pensée de mettre à la porte, sans autre explication, son importun visiteur; puis il se ravisa. Le père Bon-Sens, quoique sans fortune et ne vivant que du produit de son travail, jouissait de l'estime publique, non seulement dans le village, mais dans tous les environs. Sa probité scrupuleuse, la rectitude de son jugement, en avaient fait en quelque sorte l'oracle du pays. On venait le consulter dans une foule de circonstances, on le prenait pour arbitre dans un grand nombre de différends; le juge de paix, le tribunal même de première instance, l'avaient souvent désigné pour ces sortes de fonctions, et notamment dans plusieurs affaires où M. Malsang avait eu des intérêts engagés; et toujours ses décisions étaient accueillies avec faveur, parce que toujours elles portaient l'empreinte de la justesse de vue de son esprit et de l'honnêteté de son âme. C'était à ces qualités, bien plus qu'à l'habitude dont il avait parlé à Nicolas, qu'il devait l'honorable surnom que ses compatriotes lui avaient donné.

L'opinion d'un tel homme n'était donc pas à dédaigner, et quoique M. Malsang répétât souvent qu'il n'avait besoin de personne, qu'il se moquait du qu'en-dira-t-on, etc., il tenait cependant à justifier auprès de cet homme sa conduite dans cette circonstance par des arguments qu'il croyait sans réplique, et que la droite raison de son interlocuteur comprendrait facilement. Après donc avoir réfléchi pendant une minute ou deux, il répondit au père Bon-Sens d'un ton calme en ces termes :

« Si tout autre que vous m'eût adressé la même observation, j'aurais commencé par lui demander s'il était parent, allié ou tuteur des enfants en question; en un mot, s'il avait *qualité*, comme nous disons au palais, pour agir en leur nom. Dans le cas contraire, je l'aurais prié de ne pas se mêler de ce qui ne le regarde pas, de ce qui lui est tout à fait étranger, et qui

n'a pour lui aucune espèce d'intérêt. J'ai fait,
lui aurais-je dit, ce qu'il m'a plu de faire ; je
n'en dois compte à personne, et personne n'a
le droit d'y trouver à redire. Mais à vous, père
Bon-Sens, je crois devoir vous donner des explications que je me dispenserais de donner
à tout autre, même à M. le maire de Longuay,
au nom duquel vous me parlez. »

Ici le père Bon-Sens fit une légère inclina-
tion de tête, comme pour remercier M. Malsang de la préférence, et il parut se recueillir
pour l'écouter avec attention. L'autre continua
ainsi :

« D'abord, il est facile d'établir d'après la
loi que je ne suis tenu à aucune obligation envers ces enfants. Mais, me direz-vous, ils sont
vos plus proches parents. Belle parenté, vraiment ! Ils sont mes petits cousins au cinquième
ou au sixième degré, voilà tout : or que dit la
loi? (Ici il prit un code, où il lut le passage
suivant.) « Le père, après lui la mère, après
« celle-ci les ascendants paternels, après eux
« les ascendants maternels, doivent les ali-
« ments convenables à leurs enfants légitimes
« et adoptifs. De leur côté, les enfants sont

« obligés de nourrir leurs parents pauvres.
« Les époux sont obligés de s'alimenter l'un
« l'autre, etc. »

— Mais, Monsieur, interrompit le père Bon-
Sens, il est fort inutile de me lire les articles
de la loi. Quoique je ne les connaisse pas aussi
bien que vous, je sais parfaitement que ces
orphelins n'ont aucun titre légal pour vous
réclamer quoi que ce soit ; et ni M. le maire de
Longuay, ni moi, nous n'avons pensé à invo-
quer votre assistance en vertu d'un droit qui
n'existe pas. Nous avons voulu seulement faire
appel à votre humanité et à ces sentiments
qu'une loi plus puissante que toutes les lois ci-
viles a gravés comme des préceptes immuables
dans le cœur de tous les hommes, sentiments
qui ne vous permettent pas de laisser dans
l'abandon et le dénuement le plus absolu les
enfants du frère de votre père...

— Ah ça ! père Bon-Sens, interrompit à son
tour M. Malsang, est-ce que vous êtes venu ici
pour me prêcher, et avez-vous envie d'empié-
ter sur les fonctions de M. le curé ? Croyez-
vous que je ne connaisse pas aussi bien que
vous ces grands préceptes de morale évangé-

lique? Je vous dirai seulement que cela peut
être fort beau dans un sermon; mais quant à
l'application, c'est autre chose. Je suis loin de
contredire à toutes ces belles maximes; mais
il faut savoir en prendre et en laisser. Voilà
moi, par exemple, qui ai travaillé toute ma
vie à me créer une position indépendante, qui
n'ai jamais voulu me marier pour rester libre
et ne pas avoir les embarras d'un ménage et
tous les détails qu'entraînent la toilette d'une
femme, la nourriture et l'entretien des enfants, leur éducation, la dot des filles, l'établissement des garçons, etc. etc. : faudra-t-il
qu'arrivé à plus de soixante ans je prenne à
ma charge les enfants des autres, et que je me
donne à mon âge tous les ennuis, toutes les
tracasseries que j'ai précisément voulu éviter
toute ma vie? Et puis ce n'est pas tout; j'ai
de par le monde une foule de parents plus ou
moins éloignés que je ne connais même pas,
et dont je n'ai jamais entendu parler : eh bien,
si je me charge aujourd'hui des enfants Rafanel, il n'y a pas de raison pour que demain
une trentaine d'autres petits cousins à tous les
degrés ne viennent aussi réclamer une part

dans mes bienfaits, et je verrai de mon vivant gaspiller ainsi une fortune que j'ai amassée à la sueur de mon front et par quarante ans de travaux. Après tout, qu'ils fassent comme moi, qu'ils travaillent. Je n'ai rien reçu de mes parents, *moi;* ce que j'ai gagné, je ne le dois qu'à *moi,* et je n'en dois rien à personne, *moi;* comprenez-vous? »

Il appuyait avec une intention marquée et une sorte d'emphase sur ce *moi* répété, qui remplissait sa bouche, comme il remplissait toutes ses pensées, comme il dominait et absorbait toutes ses autres affections.

Le père Bon-Sens, étonné et affligé d'un tel égoïsme, dont il n'avait pas jusqu'ici apprécié la portée, ne comprenait que trop bien qu'avec un tel homme, il avait peu d'espoir de réussir dans la tâche qu'il avait entreprise. Toutefois il ne se découragea pas, et voulut faire encore une nouvelle tentative, mais en évitant de heurter de front la passion dominante de son interlocuteur.

« Je comprends fort bien vos raisons, répondit-il; mais je crois que vous vous exagérez les suites que pourrait entraîner un simple

acte de bienfaisance envers les enfants Rafanel. Ces malheureux orphelins sont dans une
position tout à fait exceptionnelle; ils n'ont
plus ni père, ni mère, ni personne pour prendre
soin d'eux, à un âge où ils sont hors d'état
de se suffire à eux-mêmes. Aucun autre de
vos cousins ne se trouve dans une situation
semblable, et par conséquent ne pourrait venir
au même titre implorer votre assistance. Sans
doute vous avez raison de dire que c'est sur
leur travail qu'ils doivent compter; mais des
enfants de six, huit et dix ans sont-ils en état
de travailler? Loin de nous la pensée de vous
engager à faire pour eux ce que vous feriez
pour vos propres enfants si le Ciel vous en eût
accordé, c'est-à-dire de leur donner une éducation libérale en rapport avec le rang auquel
votre fortune leur donnerait droit de se placer; ce que nous vous demandons simplement,
au nom de l'humanité, au nom de l'intérêt
même de votre propre considération, c'est
d'aider ces pauvres enfants à atteindre l'âge
où ils pourront gagner leur vie par eux-mêmes;
alors votre patronage cessera tout à fait, si
vous le jugez convenable, et, sans parler de la

reconnaissance que vous aura méritée de leur part votre générosité, il vous restera toujours à vous-même la douce satisfaction d'avoir fait le bien.

— Ta, ta, ta, reconnaissance, humanité, satisfaction d'avoir fait du bien, tout cela se sont des mots, père Bon-Sens, reprit en ricanant M. Malsang; seulement je serais curieux de savoir en quoi ma propre considération pourrait être intéressée à l'accomplissement de ce que vous me demandez. »

Le père Bon-Sens, heureux d'avoir rencontré enfin une corde sensible qu'il pût faire vibrer, s'empressa de répondre : « Comment! Monsieur, je m'étonne qu'avec votre sagacité vous n'ayez pas déjà compris combien de propos ferait tenir contre vous l'envoi de ces orphelins à l'hospice!

— Oh! moi, je me moque du qu'en-dira-t-on; chacun pour soi, ici-bas, je ne connais que cela.

— Je conviens qu'en bien des circonstances on puisse se mettre au-dessus des propos de la médisance; mais c'est seulement quand on a la conscience d'avoir rempli son devoir.

Sans doute vous pouvez vous passer de l'approbation de certaines gens; cependant l'opinion publique ne saurait être toujours méprisée, et il y a une foule d'occasions où cette opinion peut avoir une influence marquée sur nos projets, et par conséquent sur nos intérêts. »

Le père Bon-Sens faisait ici allusion à l'intention qu'avait plusieurs fois manifestée M. Malsang de se porter comme candidat à la députation, ou tout au moins au conseil général du département. Quoique le père Bon-Sens ne payât pas le cens exigé alors pour voter, il n'en exerçait pas moins une grande influence parmi les électeurs du canton; d'un autre côté le maire de Longuay, lui, était électeur, et même très influent, et M. Malsang avait le plus grand intérêt à ne pas s'aliéner ces deux hommes, d'où dépendait peut-être le succès de sa candidature; aussi reprit-il d'un ton plus radouci :

« Oh! si Rafanel avait suivi mes conseils dans le temps, ses enfants ne seraient pas aujourd'hui réduits à la misère, et même ils auraient pu être un jour plus riches que moi.

Il a voulu mener grand train, faire le grand
seigneur, se lancer dans des spéculations ma-
ladroites, et voilà où il en est arrivé. Après
tout, de bonne foi, suis-je tenu à payer les
sottises d'un prodigue, d'un étourdi, d'un
maladroit, parce qu'il était le mari de ma
cousine?

—Non certainement, vous n'êtes tenu à rien
de tout cela, et nous n'aurions garde, M. Bergeret et moi, de vous faire une pareille proposition; mais les enfants de votre cousine
germaine sont parfaitement innocents des
fautes et des erreurs de leur père, et, sans
songer à leur rendre une fortune comme celle
que celui-ci aurait dû leur laisser, nous disions
qu'il serait de la dernière inhumanité de les
abandonner dans l'état où ils sont. Nous ne
vous demandons pas de les adopter, de les recevoir chez vous, pas même de les prendre à
votre charge pour un temps illimité; mais seulement nous vous engageons à les placer chez
des cultivateurs ou des ouvriers honnêtes, où,
moyennant une modique pension, ils rece-
vront ces soins de la famille, si nécessaires à
leur âge et qu'ils ne pourraient trouver à l'hos-

pice. Là, ils iraient à l'école, feraient leur première communion, et apprendraient enfin un état qui les mettrait à même de gagner leur vie et de se passer de secours étrangers.

— Mais, enfin, à supposer que j'entre dans vos vues; où voulez-vous que je trouve ces cultivateurs ou ces ouvriers dont vous me parlez? Je ne voudrais pas, pour plusieurs raisons, les placer chez mes fermiers; je ne voudrais pas non plus qu'ils fussent dans la commune...

— Que leur placement ne vous inquiète pas; M. le maire de Longuay s'en chargerait lui-même, et trouverait dans sa commune les personnes qui prendraient chez elles ces enfants; consentez seulement à payer leur modique pension, et tout sera bientôt arrangé à la satisfaction générale. »

M. Malsang allait probablement céder, et déjà le père Bon-Sens s'applaudissait de son triomphe, quand l'irruption soudaine de Mlle Catherine vint renverser toutes ses combinaisons.

La gouvernante, comme nous l'avons vu, s'était retirée quand elle avait vu la conver-

sation engagée entre son maître et le père
Bon-Sens sur un marché de billes de noyer.
Cependant, comme la visite de ce dernier se
prolongeait d'une manière extraordinaire,
M¹¹ᵉ Catherine, toujours en éveil, commença
à concevoir des craintes, quoiqu'elle fût bien
loin de se douter de la réalité. Tourmentée par
la curiosité et par une vague inquiétude, elle
revint à pas de loup jusqu'à la porte de la salle
à manger, colla son oreille au trou de la ser-
rure, et entendit toute la conversation qui
avait lieu dans l'intérieur.

Tant que son maître avait résisté aux solli-
citations du père Bon-Sens, elle était restée
immobile; mais quand elle l'avait vu sur le
point de céder, elle n'avait pu se contenir et
était entrée tout à coup dans la chambre. Ses
joues étaient enflammées, ses yeux lançaient
des éclairs, et le regard qu'elle jeta sur le père
Bon-Sens l'aurait foudroyé si cela eût été en
son pouvoir.

Celui-ci, en la voyant, devina ce qui s'était
passé; cependant il restait calme et impas-
sible, attendant tranquillement ce qui allait
arriver. M. Malsang, frappé de l'émotion de

sa cuisinière, s'écria : « Mon Dieu ! Catherine, qu'avez-vous ? vous paraissez toute bouleversée.

— On le serait à moins, Monsieur, » répon-
dit-elle en se contenant. Puis elle ajouta d'un
air mystérieux : « J'ai quelque chose de très
important à vous communiquer en particu-
lier. » Et elle jeta un second coup d'œil sur le
père Bon-Sens, comme pour lui faire com-
prendre qu'il était de trop.

Celui-ci se leva, et, s'adressant à M. Malsang, il lui dit : « Puis-je espérer, Monsieur,
que nous reprendrons notre conversation quand
Mademoiselle vous aura fait part de ce qu'elle
a à vous dire?

— Non, Monsieur, répondit impertinem-
ment Mlle Catherine ; ce que j'ai à dire à Monsieur ne lui permettra probablement pas d'a-
chever l'entretien qu'il avait commencé avec
vous, ni même de terminer votre marché de
billes de noyer. Ainsi vous pouvez vous retirer.

— Est-ce votre avis, monsieur Malsang?
dit avec beaucoup de sang-froid le père Bon-
Sens.

— Mais je ne sais pas, je ne dis pas...; au surplus, nous nous reverrons. Pour le moment, vous voyez, je suis occupé, et... j'ai bien l'honneur de vous saluer. »

Le père Bon-Sens, jugeant qu'il n'y avait plus d'espoir de rien obtenir d'un pareil homme, le salua et sortit.

————

CHAPITRE V

L'adoption.

Le père Bon-Sens revint tristement à la maison, l'esprit préoccupé de la scène qui devait avoir suivi sa sortie du château.

En rentrant chez lui, il trouva la petite Jeanne qui aidait sa femme à faire le ménage, tandis que ses deux frères jouaient gaiement avec Baptiste. Pauvres enfants, se disait-il à lui-même en les regardant d'un œil attendri, que vont-ils devenir? Hélas! que deviendraient les miens s'ils se trouvaient dans une position semblable? Du moins ils n'auraient pas à essuyer les dédains d'un parent riche, avare et égoïste, car tous mes parents sont pauvres; mais peut-être se rencontrerait-il quelque âme charitable qui viendrait à leur secours... Et pourquoi ne s'en rencontrerait-il pas aussi pour secourir les petits Rafanel?

Pendant qu'il était plongé dans ces réflexions, sa femme s'approcha de lui et lui demanda les détails de sa visite au château. « Je n'ai pas besoin, lui dit-elle, de t'en demander le résultat, je l'ai lu déjà sur ta figure. » Alors il lui raconta toute sa conversation avec M. Malsang, l'espoir qu'il avait conçu un instant et la manière brusque dont leur entretien avait été interrompu. « Avec tout autre, ajouta-t-il, les dernières paroles qu'il m'a adressées pourraient encore me laisser quelques espérances ; mais qu'attendre d'un homme qui n'aime rien au monde que lui-même, qui se préfère à tout ce qui existe autour et au dehors de lui, qui fait de soi le dieu auquel il rapporte toutes ses actions et offre tous ses hommages? »

Comme il achevait ces mots, la petite Lolotte lui apporta de la part de son maître un billet ainsi conçu :

« M. Malsang prévient le sieur Pierre Chau-
« velot dit Bon-Sens qu'il s'en tient expressé-
« ment à la lettre qu'il a écrite à M. le maire de

« Longuay relativement à l'affaire dont il est
« venu s'entretenir avec lui tantôt ; en consé-
« quence il serait inutile de la part dudit sieur
« Chauvelot, ou de toute autre personne, de
« tenter de nouvelles démarches à ce sujet, la
« résolution de M. Malsang étant à cet égard
« irrévocable. Du reste, pour tout autre objet,
« et surtout en ce qui pourrait le concerner
« personnellement, lui ou les siens, le sieur
« Chauvelot trouvera toujours M. Malsang
« empressé à lui être agréable. »

« Allons, dit la mère Thérèse, voilà qui fait
disparaître la dernière lueur d'espérance, s'il
t'en était encore resté d'après ses dernières
paroles.

— Oh ! je t'assure que l'apparition de la
gouvernante et le coup d'œil qu'elle m'a lancé
avaient bien suffi pour la faire évanouir...
N'est-ce pas quelque chose de pitoyable qu'un
homme qui, dit-il, n'a pas voulu se marier
pour rester libre, se laisse dominer par une
servante et soit l'esclave de ses domestiques ?...
Mais brisons là-dessus ; c'est assez nous occuper
de la conduite des autres, qui ne nous regarde
pas. Qu'allons-nous faire de ces pauvres en-

fants? Faut-il que je les reconduise à M. Bergeret, pour qu'il les envoie à l'hospice selon les
intentions de leur cousin? Cette idée-là me fend
le cœur, et je voudrais essayer s'il ne serait pas
possible de les placer chez quelques fermiers
de Brugey ou de Longuay qui n'exigeraient
pas de pension pour les garder. J'en parlerai
à M. le curé, et peut-être à nous deux décou-
vrirons-nous quelque chose. Ah! si nous étions
plus riches, ou seulement moins gênés que
nous ne le sommes, je n'hésiterais pas, et je
ne m'adresserais à personne.

— Mais il me semble que nous pourrions
bien garder la petite fille, reprit la mère Thérèse; sais-tu qu'elle est très intelligente, qu'elle
montre de l'activité, et qu'elle pourrait déjà
m'être utile? Puis elle me rappelle ma pauvre
petite Thérèse, que j'ai perdue il y a quatre
ans, et qui aurait aujourd'hui son âge.

— Eh bien, gardons-la; mais ses frères, qui
sont si jeunes encore, qui voudrait s'en charger? Et puis n'est-ce pas quelque chose de
cruel que de séparer ces pauvres orphelins? Si
nous nous chargeons de la sœur parce qu'elle
peut déjà nous rendre quelque petit service et

qu'elle nous rappelle une enfant que nous avons perdue, pourquoi ne garderions-nous pas aussi ses frères? Cela nous ferait, il est vrai, cinq enfants au lieu de deux ; mais combien y a-t-il de familles plus nombreuses et tout aussi pauvres que nous qui cependant vivent et même prospèrent? On dit, et avec raison, que Dieu bénit les grandes familles: est-ce que s'il nous eût envoyé ces enfants, nous songerions à nous en débarrasser? Eh bien, n'est-ce pas Dieu qui nous les envoie? N'est-ce pas lui qui les a mis en quelque sorte sur mon chemin dans la chapelle vénérée de sa sainte mère où je les ai rencontrés hier? Je sais que, humainement parlant, c'est une lourde charge que nous prenons ; mais s'il fallait toujours calculer d'après les règles de la prudence humaine avant de se décider à faire le bien, quand s'y déciderait-on? C'est en vue de Dieu seul que nous devons faire de bonnes actions quand il veut bien nous en fournir l'occasion, et c'est de lui seul que nous devons en attendre la récompense. Enfin, comme je me le disais tout à l'heure à moi-même, si nos enfants à nous avaient le malheur de nous perdre l'un et l'autre, ne serions-nous pas heureux d'apprendre, au moment de notre mort, qu'ils trouveraient après nous une autre famille, un autre père, une autre mère, pour les aimer, les soigner et les élever comme nous aurions pu le faire nous-mêmes ? Dès lors, pourquoi ne ferions-nous pas pour les petits Rafanel ce que nous voudrions qu'on fît pour les nôtres ? Qu'en penses-tu, ma bonne Thérèse ?

— Je pense absolument comme toi, répondit la mère Thérèse, et, en te proposant de garder Jeanne, j'avais bien bonne envie de te faire la même proposition pour ses frères ; mais je n'ai pas osé parce que tu paraissais avoir d'autres intentions.

— C'est bien, très bien, reprit le père Bon-Sens en prenant la main de sa femme et en la serrant avec effusion. Je suis heureux de te voir dans ces sentiments, et j'espère que jamais nous n'aurons à nous repentir de ce que nous faisons aujourd'hui. Maintenant appelle Jean-Pierre et Baptiste d'abord, que nous leur fassions connaître notre décision. »

Dès que ses deux fils furent arrivés, le père

Bon-Sens leur déclara ce qu'il avait résolu de faire pour les trois orphelins.

Jean-Pierre était plein de tendresse, de respect et de dévouement pour ses parents. Accoutumé dès son enfance à obéir avec une entière abnégation à toutes leurs volontés, il se serait soumis avec docilité à la décision qu'ils avaient prise à l'égard des trois jeunes étrangers, quand même cette mesure l'eût froissé dans ses affections, ou lui eût paru contraire à ses intérêts; mais son cœur n'avait pas dégénéré de celui de son père; il comprit toute la noblesse, toute la générosité de la conduite de ses parents, et il s'empressa de leur dire qu'il était heureux de s'associer à leur bonne œuvre, en traitant désormais comme ses frères leurs nouveaux enfants d'adoption.

« Je n'en attendais pas moins de toi, lui répondit son père; je n'en suis pas moins satisfait de te voir dans ces sentiments; maintenant, comme l'aîné de la famille, n'oublie pas que tu dois en toute occasion le bon exemple à tes frères et à ta sœur, et que ta mère et moi nous comptons sur toi pour nous remplacer au besoin.

« Et toi, Baptiste, es-tu content d'avoir deux frères et une sœur de plus?

— Certainement, j'en suis très content; j'aurai au moins quelqu'un pour m'amuser quand je ne serai pas à l'école. Jean-Pierre ne se plaît qu'à son établi de menuisier, et le fils du voisin Guillaume n'a pas le temps de venir tous les jours jouer avec moi.

— Mon pauvre Baptiste, tu ne penses qu'à jouer; au fait, je ne t'en fais pas un reproche, c'est encore de ton âge; mais songe que tu vas bientôt te préparer à faire ta première communion, et il faut tâcher de devenir plus sérieux. Puis tes deux petits frères vont aller avec toi à l'école, et du dois leur donner l'exemple du travail, et non de la dissipation.

— Mais ils ne savent lire ni l'un ni l'autre. Joseph sait à peine épeler, et le petit Michel ne connaît pas même ses lettres.

— Eh bien, tu leur donneras des leçons. Vous êtes très nombreux à la classe, et le maître n'a guère le temps de s'occuper des plus jeunes; toi, qui sais bien lire et passablement écrire, tu suppléeras aux leçons du maître, en faisant chaque jour à Joseph et

Michel une petite classe d'un quart d'heure, d'une demi-heure au plus. Cela suffira pour leur faire faire des progrès : et tu leur auras rendu un grand service, dont ta mère et moi nous te saurons gré, et dont le bon Dieu te récompensera. A présent que tout est bien entendu entre nous, continua le père Bon-Sens en s'adressant à sa femme, va chercher nos nouveaux enfants. »

Baptiste voulut accompagner sa mère, et rentra bientôt en tenant par la main Joseph et Michel, qu'il avait laissés dans la cour, où ils jouaient tous les trois quand on l'avait appelé pour l'espèce de conseil de famille dont nous venons de rendre compte. Presque au même instant la mère Thérèse arriva avec Jeanne; la jeune fille était rouge, et semblait attendre avec anxiété ce qu'on allait lui apprendre; cependant les regards bienveillants du père Bon-Sens et les caresses que lui faisait la mère Thérèse la rassurèrent bientôt. Probablement, pensait-elle, le père Bon-Sens avait de bonnes nouvelles à lui donner de son cousin; car elle savait qu'il avait été le voir dans la matinée.

Quand le père de famille eut expliqué à Jeanne ses projets sur elle et sur ses frères, elle était si éloignée de s'attendre à une pareille proposition, qu'elle ne la comprit pas d'abord. Il fallut recommencer l'explication, et lui faire entendre que son cousin ayant persisté dans sa résolution de la veille, le père Bon-Sens et sa femme s'étaient décidés à la garder chez eux avec ses petits frères, et à les traiter comme leurs propres enfants.

« Quoi? s'écria-t-elle en sautant au cou de la mère Thérèse et en mouillant son visage de larmes, vous consentez à être ma mère?

— Oui, mon enfant, répondit la bonne femme en pleurant d'attendrissement; et toi, consens-tu à être ma fille?

— Oh! de grand cœur (et elle serra de nouveau sa mère adoptive dans ses bras).

— Eh bien, maintenant embrasse ton père (et elle la présenta à son mari, qui la pressa tendrement sur son cœur), puis embrasse tes nouveaux frères. Et vous, mes enfants, dit-elle en prenant tour à tour Joseph et Michel, venez recevoir les caresses maternelles dont vous avez été si longtemps privés. »

Quand l'émotion causée par cette scène fut un peu calmée, le père Bon-Sens prit la parole et dit : « Allons, mes enfants, commençons par remercier Dieu, vous, de ce qu'il vous a rendu une famille, nous, de ce qu'il a augmenté la nôtre. Prions-le, par l'intercession de la sainte Vierge, de répandre sur nous toutes ses bénédictions, et de protéger l'union qui vient de se former entre nous. »

Tous aussitôt se mirent à genoux devant le crucifix, et le père récita à haute voix une courte prière dans laquelle il exprimait ces sentiments; puis il la fit suivre d'un Pater et d'un Avé.

Quand la prière fut terminée, le père Bon-Sens leur dit : « Maintenant, mes enfants, il faut régler nos occupations pour l'avenir. A compter de demain matin, Joseph et Michel iront à l'école avec Baptiste; toi, Jeanne, tu aideras ta mère le matin aux travaux du ménage; puis tu iras le reste de la journée à l'école de nos bonnes sœurs de Saint-Vincent-de-Paul pour te perfectionner dans la lecture, l'écriture, apprendre ton catéchisme et te préparer aussi, comme Baptiste, à faire ta

première communion. Jean-Pierre et moi,
nous allons travailler aujourd'hui à faire deux
couchettes, une pour Jeanne et une autre pour
ses deux frères, et mère Thérèse, aidée de
Jeanne, préparera ce qu'il faut pour les gar-
nir; de cette manière nous serons tous installés
dès aujourd'hui; et quant à ce qui pourra
manquer encore, nous tâcherons plus tard d'y
pourvoir. Voyons, Jeanne, tu as l'air encore
soucieuse : est-ce que cet arrangement ne te
conviendrait pas?

— Ah! pouvez-vous le penser, mon bon
père, puisque vous me permettez de vous
donner ce nom! seulement j'aurais désiré une
chose.

— Et laquelle, mon enfant?

— J'aurais voulu avoir la permission d'aller
en pèlerinage à Notre-Dame-des-Bois pour la
remercier de la faveur qu'elle vient de nous accorder à moi et à mes frères.

— Mais, ma fille, reprit en souriant le père
Bon-Sens, ce n'était pas cela, s'il m'en sou-
vient, que tu demandais hier à la sainte
Vierge : c'était, au contraire, d'être accueillie
favorablement par ton cousin, ce qui nous

aurait empêchés naturellement de vous recevoir dans notre famille ; car M. Malsang avait
sur vous des droits que nous n'avions pas.
Ainsi la sainte Vierge ne t'a pas accordé ce que
tu lui demandais, et je ne vois pas de quoi tu
pourrais la remercier.

— Je vous demande pardon, mon père : si la
bonne Vierge de Notre-Dame-des-Bois ne m'a
pas accordé ce que je lui demandais, c'est
qu'elle sait mieux que moi ce qui nous convient ; et à la place de ce que je sollicitais, et
qui nous eût peut-être été funeste, elle nous a
donné ce que je ne demandais pas, ce que je
ne prévoyais pas, mais ce que dans sa bonté
elle a jugé plus convenable et plus avantageux pour nous : voilà pourquoi je tiens à l'en
remercier..

— Bien, ma fille, très bien, reprit sérieuse-
ment le père Bon-Sens ; mon observation de
tout à l'heure était une épreuve que je voulais
te faire subir, et tu t'en es parfaitement tirée.
Oui, mon enfant, tu as raison ; souvent nous
nous plaignons de ce que Dieu n'exauce pas
notre prière : c'est pour notre bonheur qu'il
nous refuse ce que dans notre aveuglement

nous lui demandons avec le plus d'instances,
et qui nous serait nuisible s'il nous l'accor-
dait. Remercions-le donc toujours de ce qu'il
daigne nous accorder comme de ce qu'il nous
refuse ; car il connaît mieux que nous, comme
tu le disais tout à l'heure, ce qui nous est le
plus utile. Ainsi nous irons tous ensemble,
comme tu le désires, aussitôt que le temps et
nos occupations nous le permettront, rendre
grâce à Notre-Dame-des-Bois. Encore un mot,
mes enfants, avant de nous séparer, continua
le père Bon-Sens en s'adressant plus particulièrement à ses deux fils et à sa femme ; qu'aucun de vous ne parle à personne des arrangements que nous venons de prendre entre
nous ; nous ne devons compte à personne qu'à
Dieu de ce que nous avons fait : s'il y a quelque
chose de louable, évitons de nous en glorifier
et de rechercher l'approbation des hommes ;
n'ayons en vue que celle de Dieu. Rappelez-
vous bien que l'ostentation ôte à une bonne
action une partie de son mérite devant le
monde, et l'ôte entièrement devant Celui qui
voit le fond des cœurs, et qui pénètre les plus
secrets motifs des actions. Enfin pas un mot

sur M. Malsang; qu'aucun blâme, qu'aucune récrimination ne sorte de notre bouche sur son compte; ce n'est point à nous de condamner sa conduite; et n'oublions jamais que nous ne devons pas juger les autres, si nous ne voulons pas être jugés. »

CHAPITRE VI

De certains jugements.

Les recommandations du père Bon-Sens furent scrupuleusement observées par ses enfants et par sa femme. La plupart des habitants du village, en voyant ces petits étrangers tout à coup installés chez le père Bon-Sens, s'informèrent qui ils étaient, avec cette curiosité ordinaire des petites bourgades, où tout fait événement. Mais les curieux n'apprirent rien, sinon que c'étaient des orphelins que le père Bon-Sens s'était chargé de loger, de nourrir et d'élever avec ses enfants; et comme on ne les nommait que par leurs noms de baptême, personne ne soupçonna qu'ils fussent les enfants de l'ancien meunier des Brosses, d'ailleurs fort peu connu à Brugey; bien moins

encore qu'ils fussent les cousins de Malsaug
le millionnaire, comme on l'appelait généra-
lement dans le pays. On aurait bien voulu en
savoir davantage ; mais la réserve du père Bon-
Sens et de sa femme tempérait cet empressement indiscret, et il fallut renoncer à pousser
plus loin les investigations. Seulement tout le
monde était d'accord sur un point : c'est que
le père Bon-Sens ne s'était pas chargé de ce
lourd fardeau sans en être convenablement
indemnisé. Les plus malins allaient jusqu'à
fixer le chiffre de la pension qu'il devait
recevoir, et à calculer les bénéfices qu'il en
retirait chaque année. « C'est une bonne
affaire, disait l'un d'eux, soyez-en sûr, et je
voudrais bien pour ma part qu'il m'arrivât
pareille aubaine. Mais je n'en suis pas jaloux,
car le père Bon-Sens est loin d'être riche, et il
en a plus besoin que moi. »

Voilà la valeur de la plupart des jugements
des hommes, aussi bien au village qu'à la ville.

Trois personnes seulement connaissaient la
vérité, encore pas entièrement. C'étaient les
deux sœurs de Charité dont Jeanne fréquentait
l'école, et M. le curé de Brugey.

Lorsque la mère Thérèse avait présenté Jeanne aux bonnes sœurs, celles-ci avaient dû nécessairement lui demander quelques détails sur la famille de cette enfant. « C'est une orpheline de père et de mère, avait répondu simplement la digne femme; elle a l'âge à peu près qu'aurait la fille que j'ai perdue, et que je n'ai pas encore cessé de pleurer; Dieu nous l'a envoyée sans doute pour remplacer celle que nous regrettons; j'ai reconnu en elle de bons sentiments, d'heureuses dispositions à la piété, et toutes les qualités que j'aurais pu désirer dans l'enfant à qui j'avais donné le jour. »

Après le départ de la mère Thérèse, les sœurs interrogèrent Jeanne à son tour. Ce n'était point, comme les autres habitants du village, pour satisfaire une vaine curiosité; mais elles connaissaient la situation peu aisée des époux Bon-Sens, en même temps que leur désintéressement et leur générosité; la sagacité, je dirai presque l'instinct des bonnes sœurs, leur faisait soupçonner sous le prétexte de remplacer une fille morte en bas âge quelque bonne action qu'on voulait tenir secrète, et qui était peut-être au-dessus des forces de ceux qui l'avaient entreprise avec ce noble élan du cœur qui fait oublier sa propre condition pour ne songer qu'à celle des autres. Dans ce cas il était de leur devoir de les aider, de les seconder dans l'accomplissement de leur bonne œuvre, afin d'empêcher, si cela était possible, qu'elle ne devînt une charge trop lourde pour eux.

Ce fut donc dans ces intentions qu'elles adressèrent à Jeanne des questions sur son pays, sur sa famille et sur la manière dont elle avait fait connaissance des époux Bon-Sens. La jeune fille raconta en peu de mots tout ce qu'elle savait de sa propre histoire; puis comment elle avait été envoyée avec ses deux frères chez un de leurs parents qui habitait Brugey, sa rencontre avec le père Bon-Sens à la chapelle de Notre-Dame-des-Bois, l'intérêt qu'il leur avait témoigné, le refus que le parent à qui ils étaient adressés avait fait de les recevoir, et enfin comment le père Bon-Sens et sa femme leur avaient déclaré qu'ils les garderaient désormais chez eux et les traiteraient comme leurs propres enfants.

« Eh quoi! s'écria sœur Mélanie, vos jeunes

frères sont aussi avec vous chez le père Bon-
Sens; et sa femme qui ne nous en avait pas
parlé !

— Oui, ma sœur; il faut voir les caresses
que leur fait la mère Thérèse, et à moi donc! »
Et ici son cœur, qui débordait de reconnaissance, entra dans tous les détails des scènes
qui avaient eu lieu la veille, quand la mère
Thérèse lui avait demandé si elle voulait être sa
fille.

Le récit tout simple de cette enfant, sa piété
naïve, ses vifs sentiments de gratitude envers
ses bienfaiteurs, émurent jusqu'aux larmes
les bonnes sœurs, et excitèrent au plus haut
degré leur intérêt et leur sympathie. Elles
admiraient surtout la réserve avec laquelle elle
leur avait parlé de ce parent dénaturé qui
avait refusé de les secourir; elle n'avait pas
même prononcé son nom; mais les sœurs le
devinèrent facilement; car en lui demandant
le nom de sa mère, elle avait répondu qu'elle
s'appelait Jeanne Malsang de son nom de fille.
Elles n'insistèrent pas sur ce sujet; elles com-
prirent que cette réserve avait dû lui être
inspirée par le père Bon-Sens, et elles n'a-

vaient garde de la détourner des bons sentiments que son père adoptif cherchait à faire
naître en elle.

Les sœurs, maintenant renseignées sur ce
qu'il leur importait de savoir, allèrent demander conseil à M. le curé. Celui-ci écouta avec
un intérêt marqué ce qu'elles lui racontèrent ;
et, quand elles eurent terminé, il leur dit : « Ce
que vous m'apprenez, mes sœurs, ne m'étonne
pas de la part du père Bon-Sens ; il y a longtemps que je l'ai jugé, et quoique ce soit un
homme d'un sens parfaitement droit et d'un
jugement exquis, je crois qu'il mériterait
plutôt le surnom de père Bon-Cœur que celui
de père Bon-Sens qu'on lui a donné, car les
qualités du cœur l'emportent encore chez lui
sur les qualités de l'esprit. Mais je comprends
comme vous qu'il a pris là un bien lourd fardeau, et je tremble qu'il ne puisse pas le supporter.

— Mais, monsieur le curé, observa la sœur
Mélanie, croyez-vous qu'il soit absolument impossible d'obtenir quelques secours de M. Malsang ?

— Je crois, ma sœur, que l'on tirerait plus

facilement du sang d'une pierre. Je ne sais pas
ce qui s'est passé dans cette circonstance ; mais
je suis persuadé que le père Bon-Sens ne s'est
décidé à prendre à sa charge les orphelins
que quand il n'y a plus eu d'espoir de les faire
secourir par leur parent. Maintenant je conviens comme vous que cette charge est bien
lourde pour lui et que nous devrons l'aider
autant que nous pourrons dans cette bonne
œuvre. Mais d'abord il faut y mettre beaucoup
de prudence ; car il y a dans les actes de bienfaisance auxquels se livrent certaines âmes
d'élite une sorte de pudeur qui craint d'être
découverte, et qu'il faut savoir respecter avec
soin. D'un autre côté, le père Bon-Sens, tout
en se chargeant de cette tâche, peut-être avec
plus d'élan que de prudence, ne l'a pas fait cependant tellement à la légère qu'il n'ait pas cru
pouvoir, en redoublant de travail et d'efforts,
venir à bout de la remplir. Il faudrait donc
lui laisser, quand même nous pourrions venir
largement à son aide, le mérite d'accomplir
son œuvre, autant que possible, par lui-même.
Mais, mes sœurs, vous le savez, nos res-
sources sont très bornées, et le nombre des

pauvres de cette paroisse augmente tous les jours, surtout dans la saison rigoureuse où nous allons entrer. Les vieillards, les infirmes, les malades réclament nos premiers soins. Ce n'est pas à dire qu'il faille tout à fait abandonner le père Bon-Sens à ses propres forces; j'irai le voir, je causerai avec lui; vous-mêmes, mes sœurs, vous irez visiter la bonne mère Thérèse, la digne compagne de son mari, et c'est le plus bel éloge que l'on puisse faire de cette brave femme; vous verrez les petits orphelins; puis nous nous concerterons ensemble, nous nous ferons part mutuellement de nos remarques, et nous verrons s'il y a quelque chose à faire pour le moment en faveur de cette intéressante famille. »

Dès le lendemain, la double visite eut lieu. M. le curé s'entretint longtemps avec le père Bon-Sens; il amena naturellement la conversation sur les orphelins qu'il avait recueillis; tout en lui donnant avec discrétion tous les éloges et les encouragements que méritait une si belle action, il lui demanda s'il avait bien réfléchi à l'importance d'une pareille entreprise, qui allait faire peser sur lui une grande responsabilité et engager une partie de son avenir, et enfin s'il pouvait raisonnablement espérer la mener à bonne fin.

« J'avoue, monsieur le curé, répondit le père Bon-Sens, que je n'ai pas creusé si profond dans ma tête, et que tout d'abord j'ai plus songé au présent qu'à l'avenir. En effet, il fallait bien avant tout sortir ces pauvres enfants de l'abandon et de la misère où je les ai trouvés; mais après cela, à la garde de Dieu! Cependant, le premier moment passé, j'ai réfléchi aussi à cet avenir dont vous me parlez. Je sais que si l'on voulait tout calculer froidement comme on le ferait dans un marché, par exemple, cet avenir n'offrirait pas une brillante perspective; mais voilà ce que je me suis dit : J'ai cinquante ans, et j'ai encore toutes mes forces; je puis travailler encore dix ans; pendant ce temps-là les enfants grandiront. Dans deux à trois ans, les miens pourront déjà me seconder; les autres ensuite ; de sorte qu'avant dix ans tous seront en état de gagner leur vie par leur travail, et alors mon but sera atteint et ma tâche sera remplie. Les premières années seulement seront les plus pénibles ; mais pourvu que Dieu me conserve la

santé, ces années passeront comme d'autres;
alors, si mes forces commencent à baisser, celles
des enfants s'accroîtront ; j'aurai moins de fati-
gues à endurer, et je pourrai prendre quelque
repos. Après cela il y a, je le sais, la chance des
maladies qui peuvent nous atteindre les uns ou
les autres, des mauvaises récoltes qui peuvent
survenir, enfin le chapitre des accidents de
toute nature que nous ne pouvons prévoir.
Quant à ces éventualités, je laisse au bon Dieu
le soin d'en décider, et je dis qu'il ne nous
en enverra pas plus que nous n'en pourrons
supporter.

— Bien, mon ami, reprit le curé, vous avez
grandement raison de mettre votre confiance en
Dieu plutôt que dans les calculs de la prudence
humaine. Non, j'en ai l'espoir, je dirai même
la conviction, non, cette confiance ne sera pas
trompée. Je prierai, nous prierons tous qu'il
daigne détourner de vous ces malheurs possibles
dont vous parlez; et si par hasard il jugeait à
propos de vous en envoyer, comme il le fait
quelquefois pour éprouver la vertu des siens, ne
vous laissez point abattre, et rappelez-vous que
vous avez en moi un ami dévoué prêt à partager

vos peines et à les adoucir de tout mon pouvoir.

— Merci, monsieur le curé, merci de tout mon cœur, répondit le père Bon-Sens en serrant avec effusion la main que le digne ecclésiastique lui tendait.

— Au revoir, mon brave paroissien, dit le curé en s'éloignant : ah ! n'oubliez pas, reprit-il en se retournant, de m'amener toute votre famille, ancienne et nouvelle, dimanche prochain, après la grand'messe. Je serai bien aise de causer un peu avec eux.

— Je n'y manquerai pas, monsieur le curé. » Et ils se séparèrent.

Dans leur visite à la mère Thérèse, les sœurs s'entretinrent avec elle de ces détails de ménage qui sont plus particulièrement de la compétence des femmes, et de la difficulté que devaient lui donner trois bouches de plus à nourrir. « Oh ! ces bouches sont si petites, répondit la bonne mère, qu'elles ne mangent guère : qu'est-ce que deux ou trois assiettes de *gaudes*[1] de plus, quelques pommes de terre

[1] On appelle *gaudes*, en Franche-Comté, une bouillie de farine de maïs qui fait la principale nourriture des habitants de la campagne.

3*

et quelques morceaux de pain? Dieu merci, la récolte a été assez bonne cette année, et nous pouvons bien, sans trop nous gêner, pourvoir à ce surcroît de consommation dans le ménage. »

Les sœurs demandèrent à voir les orphelins. Elles furent frappées du délâbrement de leur habillement; ils n'avaient pour tout vêtement que de mauvaises vestes et des pantalons d'été, et leur sœur une petite robe d'indienne bien légère; point de bas, point de chemise, et l'on peut dire aussi point de souliers, car ceux qu'ils avaient aux pieds étaient presque entièrement usés.

Quand les sœurs en firent la remarque à la mère Thérèse, celle-ci poussa un soupir en avouant que c'était là ce qui la tourmentait le plus; mais qu'elle allait pourvoir au plus pressé, en arrangeant à leur taille les chemises de son second fils, et quelques-uns des vieux vêtements de ses deux garçons; malheureusement ni ces chemises ni ces vêtements n'étaient en bon état.

« Écoutez, mère Thérèse, dit sœur Mélanie, ne touchez pas encore aux effets de vos enfants, je crois que nous avons quelque part un coupon de droguet qui sera suffisant pour habiller les deux petits garçons; nous avons aussi de la toile dont on pourra leur faire des chemises; quant à la petite, demain, quand elle viendra à l'école, je lui donnerai aussi quelque chose pour elle.

— Ma foi, mes sœurs, répondit la mère Thérèse, ce n'est pas de refus, car sans cela j'étais bien embarrassée. Quant à la chaussure, ne vous en occupez pas, mon mari a donné à Jacques le sabotier une bille de bois pour faire à chacun de nous deux paires de sabots, et il doit rapporter ce soir ceux des deux plus petits, qui en ont le plus besoin. »

Le jour suivant, les sœurs envoyèrent à la mère Thérèse de l'étoffe, de la toile, des bas, enfin de quoi habiller complètement les trois enfants. De plus, elles donnèrent à Jeanne une bonne robe doublée, un fichu et deux bonnets.

« Oh! mes sœurs, dit mère Thérèse en les remerciant, vous ne m'en aviez pas tant promis, et réellement c'est trop.

— Mère Thérèse, répondit en souriant sœur Mélanie, est-ce que par hasard vous seriez

égoïste, e' que vous ne voudriez pas nous associer au bien que vous faites? »

Quelques jours après, les orphelins furent
vêtus tout à neufs, et les malins du pays ne man-
quèrent pas d'en conclure qu'ils ne s'étaient
pas trompés, et que le père Bon-Sens avait fait
une excellente affaire en prenant chez lui les
enfants.

CHAPITRE VII

La foire de la Chandeleur.

Les trois mois qui suivirent l'entrée des enfants Rafanel dans la famille de Pierre Chauvelot se passèrent sans incidents remarquables. Michel et Joseph, conduits par Baptiste, suivaient exactement les leçons du maître d'école. Le premier annonçait peu d'intelligence; le second en avait davantage, mais il était très paresseux : de sorte qu'ils faisaient l'un et l'autre peu de progrès, malgré les efforts de Baptiste, à qui son père avait donné la charge d'être en quelque sorte leur répétiteur. Baptiste s'en plaignait quelquefois; alors le papa lui disait : « Mon ami, il faut savoir supporter les défauts des autres, car nous n'en sommes pas nous-mêmes exempts, et nous avons besoin que les autres nous supportent. Il faut tâcher de les corriger avec douceur, avec persévérance, et surtout à l'aide du bon exemple. »

Jeanne, bien différente de ses frères, se distinguait par son intelligence, son activité et sa docilité; aussi se faisait-elle aimer de jour en jour davantage de sa mère adoptive et des sœurs de Charité.

Les habitants du village avaient cessé peu à peu de s'occuper de ces enfants, ou, pour être plus exact, l'espèce de sensation occasionnée par leur arrivée inattendue n'avait duré que peu de jours. Elle avait même eu si peu de retentissement, qu'on n'en avait pas entendu parler au château. Il faut aussi remarquer que le château était assez éloigné du bourg, et que, dans cette saison surtout, les relations entre la résidence de M. Malsang et le village étaient peu fréquentes. D'ailleurs personne ne soupçonnait dans toute la commune de Brugey qu'il y eût quelque rapport entre le propriétaire du château et les enfants récemment arrivés chez le père Bon-Sens. De leur côté, M. Malsang et sa gouver-

nante, n'ayant plus entendu parler de ces enfants depuis la visite du père Bon-Sens, étaient
persuadés que M. Bergeret les avait envoyés à
l'hospice, selon l'intention qu'en avait manifestée M. Malsang. Ce qui confirmait même celui-
ci dans cette opinion, c'est que l'administrateur
de l'hospice, à qui il avait écrit à ce sujet, ne
lui avait pas répondu, et il regardait ce silence
comme un acquiescement tacite.

Les choses seraient peut-être restées longtemps encore dans cet état, car les personnes
qui seules connaissaient ce qui s'était passé,
ne songeaient pas à le révéler, quand une circonstance inattendue vint tout à coup dévoiler
la vérité et étaler au grand jour la turpitude
du riche parvenu, et la conduite noble et dé-
sintéressée de l'humble cultivateur.

Le lundi qui suit le 2 février, il se tient à
Brugey une foire célèbre connue sous le nom
de la Chandeleur. C'est en même temps un des
jours consacrés au pèlerinage de Notre-Dame-
des-Bois, et il est probable que dans l'origine
le pèlerinage a été l'occasion de la foire.

Un nombreux concours d'habitants des campagnes voisines se rendent ce jour-là à Brugey,

les uns par dévotion, d'autres pour leurs affaires, d'autres pour leur plaisir. La route de la
chapelle de Notre-Dame-des-Bois à Drugey est
encombrée de voyageurs; car il est peu de ceux
qui viennent pour la foire qui n'aillent visiter
la chapelle, comme il est peu de pèlerins qui
n'aillent de leur côté faire un tour à la foire :
c'est un va-et-vient continuel, et qui dure du
matin au soir.

Le jour de la fête, il y avait congé dans les
deux écoles. Comme le temps était fort beau,
Jeanne désira en profiter pour accomplir son
pèlerinage, retardé jusque-là par la mauvaise
saison. Le père Bon-Sens y consentit; seulement, ni lui ni sa femme ne pouvaient accompagner leurs enfants, parce qu'ils attendaient
la visite de plusieurs personnes de leur connaissance avec lesquelles le père Bon-Sens était en
relations d'affaires. La voisine Guillaume et son
fils voulurent être de la partie, et elle se char-
gea volontiers de veiller sur les enfants.

La bande joyeuse se mit donc gaiement en
route, et s'achemina en jouant sur la route de
la chapelle. Arrivés à peu près à mi-chemin, ils
se croisèrent avec un groupe assez nombreux,

composé en grande partie d'habitants de Longuay et de quelques-uns de Drugey, qui
s'étaient rencontrés à la chapelle et se ren-
daient tous ensemble à la foire. Au milieu de
ce groupe, un homme parlait avec animation,
et tous ceux qui l'entouraient paraissaient
l'écouter avec beaucoup d'intérêt. Tout à coup
il s'arrête, regarde les enfants et s'écrie : « Oh!
je ne me trompe pas : c'est toi, Jeanne; c'est
toi, Joseph; c'est toi, Michel! » En même
temps il les prenait dans ses bras et les em-
brassait.

« Tiens, c'est vous, monsieur Nicolas, dit
Jeanne; je suis bien aise de vous rencontrer.
Vous vous portez mieux, à ce qu'il paraît : et
M. Bergeret, est-il en bonne santé?

— Très bonne, et vous, mes enfants, comme
vous voilà braves! comme vous avez bonne
mine tous les trois! on voit bien que vous êtes
chez de braves gens : et où allez-vous comme
ça, sans être trop curieux?

— Nous allons en pèlerinage à Notre-Dame-
des-Bois, je n'ai pas encore pu aller la remercier depuis le jour que vous savez.

— Tu fais bien, ma petite Jeanne, car tu lui

dois un fameux cierge à cette bonne Notre-Dame. J'étais en train de raconter à ces braves gens tout ce qui vous était arrivé à sa chapelle, quand je vous conduisais à Brugey, chez votre cousin Malsang, ce vilain cancre...

— Monsieur Nicolas, interrompit vivement Jeanne, qui craignait son indiscrétion, j'espère que nous nous reverrons aujourd'hui, car je pense bien que vous irez voir papa Bon-Sens.

—Certainement je n'y manquerai pas, et mon maître, M. Bergeret, qui doit arriver dans une heure, n'y manquera pas non plus; car il veut féliciter ce brave et digne homme, et le remercier de ce qu'il a fait pour vous, comme s'il l'avait fait pour lui-même. Allons, il ne faut pas nous retarder les uns les autres : au revoir! »

Dès que les groupes se furent séparés, les personnes qui se trouvaient avec Nicolas lui dirent: « Quoi! ce sont là les petits Rafanel, dont vous nous parliez tout à l'heure?

— Eh! oui, ce sont eux. Ah! si vous les aviez vus il y a trois mois! Dans quel état pitoyable ils étaient!

— Mais n'avez-vous pas dit, reprit un des habitants de Brugey, que vous les conduisiez chez leur cousin Malsang? Est-ce qu'ils sont réellement cousins de ce richard ?

— Et ses plus proches parents, encore, » ajouta Nicolas. Et aussitôt il se mit à raconter son entrevue avec Mlle Catherine, la gouvernante; puis comment le père Bon-Sens s'était chargé des pauvres orphelins, et qu'il en prenait soin comme de ses propres enfants, ainsi qu'ils avaient pu en juger par eux-mêmes.

« C'est singulier, reprit un autre habitant de Drugey; personne dans le village ne se doute que ces enfants sont les cousins de Malsang le millionnaire, et le bruit courait que le père Bon-Sens recevait une bonne pension pour en prendre soin.

— Il ne reçoit rien du tout, répliqua Nicolas, et personne ne le sait mieux que moi; car je l'ai entendu dire à mon maître, M. Bergeret, qui est émerveillé de la conduite de ce brave homme.

— Mais peut-être, objecta un des habitants de Longuay, que si ce Malsang est riche, il fait passer de l'argent au bonhomme Bon-Sens.

— Ah! ah! vous ne le connaissez guère, répondirent ceux de Brugey; c'est l'homme le plus avare, le plus égoïste, le plus dur qu'il y ait peut-être à cent lieues à la ronde; je parierais que depuis qu'il existe il n'a pas encore donné un sou à un pauvre.

— Alors je ne comprends pas comment le père Bon-Sens a pu se charger de ces enfants, qui ne lui sont rien, lui qui n'a déjà pas trop pour élever sa famille; à moins qu'il ne compte peut-être sur la succession de M. Malsang, qui se fait vieux, et dont ces orphelins sont, dit-on, les plus proches héritiers; alors ceux-ci pourraient amplement le dédommager des soins qu'il aurait pris d'eux pendant leur enfance, et ce calcul ne serait pas déjà si mauvais.

— Ah! bien oui, qu'il y compte sur cette succession-là, reprit un des hommes de Brugey; c'est comme s'il comptait sur les fleurs des arbres de l'année dernière pour la récolte des fruits de cette année. Est-ce qu'il n'y a pas là Mlle Catherine, qui depuis longtemps couve cette succession, et qui n'en laisserait pas échapper un centime? Je me suis laissé dire

même que la chose était faite, et qu'elle avait
montré à plusieurs personnes un écrit comme
par lequel son maître lui a tout donné, après sa
mort, s'entend. Ne l'as-tu pas ouï dire aussi,
voisin Thomas?

— Tiens, répliqua celui qu'on appelait Thomas, c'est connu de tout le monde ce que tu dis
là, et chacun se récriait déjà assez contre l'inso-
lent bonheur de cette accapareuse de succession;
mais quand on saura chez nous ce qu'elle a fait
à l'égard de ces pauvres enfants, ah! c'est alors
qu'on criera à l'infamie, et qu'on est capable
de la huer en pleine rue.

— Et elle le mériterait bien, reprit son interlocuteur; mais maintenant j'en reviens à dire
que je ne comprends plus rien à la conduite du
père Bon-Sens; il y a vraiment de la folie de
sa part à se charger de trois enfants aussi
jeunes, sans recevoir aucune indemnité pour
le présent, sans espoir même d'en recevoir
pour l'avenir.

— Non, non, répondit vivement Nicolas,
non, le père Bon-Sens n'est pas fou; mais il
est, comme dit not'maître, un homme de bien,
un excellent chrétien, qui ne se contente pas

4

d'écouter les paroles de l'Évangile, mais qui les met en pratique. »

Ils arrivèrent en causant ainsi jusqu'au village. Chacun de ceux qui avaient fait route avec Nicolas s'empressa de raconter ce qu'il avait appris de lui au sujet des orphelins Rafanel, du père Bon-Sens, de M. Malsang et de Mlle Catherine, et avant la fin de la journée c'était le sujet de toutes les conversations du bourg.

L'arrivée de M. Bergeret confirma tout ce qu'avait dit son domestique. Bien des gens louèrent sans réserve le désintéressement du père Bon-Sens; beaucoup aussi, comme le voisin de Thomas; ne le comprenaient pas, et le traitaient de fou; les malins qui avaient affirmé avec tant d'assurance qu'il avait fait une bonne affaire, soutenaient encore qu'il y avait là-dessous quelque chose de caché, ou tout au moins qu'il n'avait agi que par vanité et pour s'attirer des louanges.

Mais si la conduite du père Bon-Sens ne reçut pas de tous ses compatriotes l'éloge qu'elle méritait, il n'y eut qu'une voix pour condamner et pour flétrir, dans les termes les plus injurieux du mépris, et M. Malsang et sa gouvernante.

Le père Bon-Sens, en apprenant les bruits répandus dans le village, en fut vivement contrarié, et en témoigna son mécontentement à M. Bergeret et à Nicolas, quand il les rencontra ; mais le maire de Longuay ne fit que rire de ce qu'il appelait un excès de charité chrétienne. « De quoi vous inquiétez-vous ? dit-il au père Bon-Sens. N'est-il pas juste que chacun soit rétribué selon ses œuvres ? D'ailleurs, ne savez-vous pas que M. Malsang se moque du qu'en-dira-t-ou ? Tous les bruits qui ont circulé aujourd'hui dans la foire ne feront pas plus d'effet au château que le vent qui agite les girouettes. Est-ce qu'ils n'ont pas pour se consoler, l'un la vue de l'or qui garnit son coffre-fort et les mets succulents que lui prépare sa cuisinière, et celle-ci la perspective d'être millionnaire à son tour ? »

Malgré l'opinion de M. le maire de Longuay, ces bruits firent une profonde impression dans la maison de M. Malsang.

Depuis que nous l'avons visitée, le personnel de cette maison s'était augmenté. Mme Croutel, sœur de Mlle Catherine ; M. Croutel, son beau-frère, et M. Julien Croutel, leur fils, le filleul et l'héritier présomptif de la gouvernante, s'y étaient installés. Celle-ci les avait fait venir afin d'entourer son maître de personnes à elles dévouées, et qui ne permissent plus l'intrusion de quelques collatéraux, comme cela avait failli récemment arriver.

Tout cela s'était fait à la suite de la scène qui avait eu lieu après la visite du père Bon-Sens, scène terrible, à ce qu'il paraît, mais dont les détails sont restés inconnus. Tout ce qu'on a pu savoir, c'est que M. Malsang, troublé dans la digestion de son déjeuner, faillit avoir une attaque d'apoplexie, et que Mlle Catherine, après lui avoir prodigué les soins que réclamait son état, finit par obtenir le fameux testament daté, signé, enfin revêtu de toutes les formalités légales.

Une fois munie de cette pièce, elle se regarda tout à fait comme la propriétaire de la fortune de M. Malsang. Ce fut alors qu'elle fit venir son beau-frère, qu'elle présenta à son maître comme un homme intelligent et capable, qui lui épargnerait les ennuis de la gestion de ses domai-

nes. Le vieillard fut bien forcé de l'accueillir à
ce titre, et poussa la déférence aux exigences
de sa gouvernante jusqu'à donner à M. Croutel
une procuration générale pour gérer et admi-
nistrer ses affaires.

En moins d'un mois, la famille Croutel avait
pris au château plus d'importan? peut-être
que la gouvernante elle-même. Le mari parlait
en maître aux fermiers et aux gens de service,
la femme étalait une toilette de grande dame,
et le fils passait son temps à chasser, à boire et
à fumer avec des jeunes gens de la ville, qu'il
avait invités à venir passer un mois ou deux
dans le château de sa tante.

· Pendant ce temps-là, que faisait M. Malsang?
Confiné dans son appartement par une attaque
de goutte qui avait suivi de près la fameuse
scène dont nous avons parlé, il souffrait toutes
les douleurs physiques et morales qu'il est
possible à un homme d'endurer.

Il faut cependant rendre justice à Mme Catherine. Si la remise du testament avait accru son
importance et son orgueil, elle n'avait eu aucune influence sur les soins qu'elle avait l'habitude de prodiguer à son maître; au contraire,

elle semblait redoubler de prévenances et d'attentions délicates. On dira peut-être qu'elle savait bien que cet acte n'était pas irrévocable, que M. Malsang pouvait le casser d'un moment à l'autre, et qu'ainsi elle avait tout intérêt à le ménager. C'est possible, et nous sommes loin d'affirmer que cette crainte n'entrât pas pour quelque chose dans sa manière d'agir envers lui. Cependant elle avait tellement multiplié les moyens de surveillance autour de lui, elle avait pris un tel empire sur son esprit, qu'elle n'avait guère à redouter un pareil événement.

Mais ce qui rendait l'administration de ces soins vraiment pénible, c'est que celui qui en était l'objet devenait de jour en jour plus difficile, plus morose, plus soupçonneux; il comprenait parfaitement que toutes ces avances, ces attentions minutieuses n'étaient que le résultat d'une basse cupidité; il était persuadé que, malgré toutes ces démonstrations, sa mort était attendue avec impatience... : qui sait même (et cette pensée venait souvent le torturer dans ses longues heures de solitude et d'insomnie), qui sait si l'on ne chercherait pas à l'avancer? Maintenant qu'elle avait entre les mains son testament, elle n'avait plus d'intérêt à ce que sa vie se prolongeât...

Tels étaient les tourments auxquels l'esprit de ce malheureux égoïste était en proie ; et ne se sentant pas capable de rompre la chaîne de l'esclavage que la force de l'habitude avait appesantie sur lui, il en secouait en quelque sorte les chaînons à la face de celle qui la lui avait imposée. Plus elle se montrait prévenante, plus il redoublait d'exigence, et si parfois elle se plaignait du peu de reconnaissance qu'il lui témoignait pour tant de soins attentifs qu'elle lui prodiguait avec le plus grand dévouement, il lui répondait avec aigreur : « Il me semble, Mademoiselle, que j'ai payé assez cher vos services pour avoir droit à ce qu'il vous plaît d'appeler du dévouement, et pour être dispensé envers vous de ce que vous appelez de la reconnaissance. »

Souvent cette fille, à bout de patience et de courage, disait à sa sœur et à son beau-frère : « J'achète bien cher la succession de cet homme ; non jamais on ne saura tout ce qu'elle m'a coûté. » Et elle versait des larmes de dépit, de rage et d'orgueil blessé.

C'est sur ces entrefaites qu'on apprit au château les bruits qui s'étaient répandus dans le village le jour de la foire de la Chandeleur.

Mᵐᵉ Croutel, qui était allée faire quelques emplettes, avait entendu autour d'elle des propos injurieux et presque menaçants. Elle était accourue en rendre compte à sa sœur. Celle-ci fut bouleversée en apprenant la présence dans le bourg des orphelins, qu'elle croyait à l'hospice. Elle s'emporta en invectives contre le père Bon-Sens, contre M. Bergeret, contre Nicolas. Son beau-frère, qui avait plus de sang-froid, eut beaucoup de peine à la calmer; il y réussit enfin, en lui répétant : « Laissez-les dire; leurs propos ne peuvent rien changer à l'état de choses; nous tenons le bon bout de notre côté, ayez soin de le conserver, et surtout d'empêcher qu'aucun étranger n'approche de M. Malsang; pour cela, restons unis, et je réponds de tout. Quant aux habitants du village, laissez-les clabauder tant qu'ils voudront; quand ils seront las de crier, ils se tairont, et quand vous aurez votre héritage, ils seront les premiers à vous saluer jusqu'à terre. »

M. Croutel avait raison ; le bruit occasionné
par les révélations de Nicolas s'apaisa peu à peu ;
le père Bon-Sens redoubla d'activité et de zèle
pour nourrir et élever sa nombreuse famille ; et
M. Malsang, entouré plus que jamais des soins
et de la surveillance de sa gouvernante, continua à traîner sa triste existence, devenue de
jour en jour plus pénible.

CHAPITRE VIII

Dix ans après.

Nous allons maintenant franchir un espace de dix ans, et voir ce que sont devenus, à la fin de 1850 et au commencement de 1851, les différents personnages de cette histoire.

Comme l'avait prévu le père Bon-Sens, les premières années qui suivirent l'entrée des orphelins dans sa famille furent les plus pénibles. Son activité et son travail auquel prenait déjà part son fils aîné, Jean-Pierre, suffirent à tout; mais le petit Michel et son frère Joseph eurent la petite vérole; ils reçurent de la mère Thérèse et de Jeanne les soins les plus empressés; les sœurs vinrent aussi souvent les visiter, et fournirent une partie des médicaments. Cette maladie n'en fut pas moins très coûteuse pour le père Bon-Sens. « Mais, bah! disait-il, pourvu que les pauvres petits s'en relèvent, je m'en relèverai bien aussi; après tout, plaie d'argent n'est pas mortelle. »

Les enfants guérirent, et leur retour à la santé ramena la joie dans la famille. En même temps un marché avantageux fut offert au père Bon-Sens, qui s'empressa de l'accepter.

M. le marquis de Villebois, le plus riche propriétaire du pays, possédait, à quatre kilomètres de Brugey, un ancien château qu'il n'habitait jamais. Il résidait habituellement à Paris, passait une partie de l'été dans une de ses terres, en Normandie, et quand il venait visiter son domaine de Brugey et de Longuay (car ce domaine s'étendait sur les deux communes), il descendait habituellement chez M. Bergeret, le maire de Longuay, qui était son régisseur.

Vers cette époque il lui prit fantaisie de ré

parer son vieux château, et d'y venir de temps
en temps passer quelques jours pendant la saison de la chasse. Il y avait surtout de grands
travaux de menuiserie à faire; car il s'agissait de boiser et de parqueter toutes les cham-
bres, et de renouveler partout les portes et les
croisées. Il s'informa auprès de M. Bergeret s'il
trouverait dans le pays un homme capable d'en-
treprendre ces travaux. Celui-ci ne manqua pas
de lui indiquer le père Bon-Sens, et en même
temps il lui raconta ce qu'il avait fait pour les
orphelins Rafanel.

« Voilà l'homme qui me convient, s'écria
le marquis de Villebois quand il eut entendu
ce récit, et quand même on m'en présenterait
de plus habiles, de plus capables, je n'en veux
pas d'autres. Dès demain, je veux lui parler et
m'arranger avec lui. »

M. Bergeret, enchanté, dépêcha aussitôt
Nicolas au père Bon-Sens. Celui-ci vint en
toute hâte s'aboucher avec le marquis. Le
marché fut bientôt conclu, quoiqu'il s'agît
d'une opération considérable, et de travaux
qui devaient durer au moins cinq à six ans.
M. de Villebois se montra si coulant, qu'il était

difficile de ne pas s'arranger. Il ne marchanda
pas une seule fois sur les prix proposés, et, loin
d'offrir un rabais, souvent il disait : « Voilà qui
n'est pas assez payé ; je connais ce travail, je
vous en donnerai tant du mètre. » Et il allouait
un cinquième ou un quart au-dessus du prix
demandé.

Le père Bon-Sens n'y comprenait rien. « En
conscience, disait-il tout bas à M. Bergeret, je
ne saurais accepter de pareilles offres.

— Laissez-le faire, lui répondait en souriant
celui-ci, vous voyez bien qu'il n'agit pas en
aveugle, et qu'il connaît parfaitement la valeur
des travaux qu'il veut faire exécuter; seulement il veut que les ouvriers gagnent leur vie
avec lui; en un mot, c'est un riche qui sait
faire un honorable emploi de sa fortune; ce
n'est pas un M. Malsang. »

Quand le père Bon-Sens rentra chez lui avec
le double de son marché signé de M. le marquis de Villebois, sa figure était rayonnante.
« Vois-tu, dit-il à sa femme, comme le bon
Dieu est bon; il nous a envoyé une légère
épreuve dans la maladie de ces chers enfants :
eh bien, non seulement il leur a rendu la santé,

mais voilà qu'il nous donne un dédommage-
ment magnifique, et qui va nous assurer les
moyens d'achever l'entreprise que nous avons
commencée. »

Le père Bon-Sens embaucha quelques bons
ouvriers, et se mit aussitôt à l'œuvre. A
compter de cet instant, une sorte d'aisance
inconnue jusqu'alors entra dans la famille.
Les enfants furent mieux vêtus, et quelque
amélioration fut aussi apportée à leur nourriture.

Jean-Pierre aidait son père aux travaux de
menuiserie, seulement pendant la morte-saison.
Dans l'été, il s'occupait plus spécialement des
travaux des champs, et était secondé par Jeanne
et par ses deux petits frères, autant que leurs
forces pouvaient le permettre.

Quant à Baptiste, il s'était adonné entièrement à la menuiserie, et il y montrait un goût
et une vocation toute spéciale. Un des ouvriers
de son père était très habile pour les moulures
et ornements sur bois. Baptiste prit de lui des
leçons, et en peu de temps il égala son maître.
M. le marquis de Villebois ayant eu occasion de
remarquer les travaux de ce jeune homme,

ou plutôt de cet adolescent, car il n'avait alors
que quatorze ans, voulut l'emmener à Paris,
pour le perfectionner à ses frais dans un art
pour lequel il montrait tant d'aptitude. Le
père Bon-Sens n'y consentit qu'avec peine, et
sur l'assurance que M. le marquis placerait
son fils dans une maison où l'on veillerait avec
autant de soin sur ses mœurs que sur son
instruction. Baptiste partit, et depuis il est
devenu un de nos premiers artistes pour la
sculpture sur bois.

Le petit Michel, après sa maladie, grandit
beaucoup, son intelligence se développa en
même temps, et à douze ans il se montrait
actif et laborieux.

Son frère Joseph, au contraire, n'avait pu
vaincre l'indolence qu'il avait montrée dès son
enfance. Il avait appris promptement à lire, à
calculer; mais cela venait plutôt de la facilité
de son intelligence que de son application.
Tout travail manuel lui répugnait; il n'aimait
que la lecture ou la rêverie dans quelque pro-
menade solitaire. Cependant il était sensible,
il avait bon cœur, et il chérissait tendrement sa
sœur Jeanne et ses parents adoptifs. Souvent

cependant Jeanne le grondait, lui reprochait
sa paresse, et alors il se mettait à l'ouvrage
avec une résolution apparente, mais de peu de
durée.

Enfin, à l'époque de la Révolution de 1848,
Joseph dit un jour à sa sœur : « J'ai beau faire,
vois-tu, je sens que je ne puis me mettre au
travail comme je le devrais, et pourtant j'ai
honte d'être plus longtemps à la charge de la
famille qui nous a généreusement adoptés.
Ma résolution est prise d'une manière irrévocable; je veux absolument sortir de la position humiliante où je suis placé, et, pour
cela, je ne vois qu'un moyen, c'est de m'engager.

— T'engager! s'écria sa sœur : ô mon Dieu,
tu nous quitterais, tu serais soldat, exposé à
tant de dangers, et en temps de révolution,
encore !

— Justement, c'est le moment favorable
pour avancer. J'ai seize ans; je suis fort; j'en
sais assez pour être bientôt sous-officier. Enfin
j'espère que l'état militaire secouera cette
paresse que je ne puis vaincre. Jamais je ne
ferai qu'un mauvais laboureur, et peut-être

ferai-je un bon soldat. En un mot, c'est ma
vocation. »

Tous les autres membres de la famille voulurent le détourner de cette résolution; ils ne
purent y réussir. Enfin le père Bon-Sens lui
donna son consentement et sa bénédiction, et
il partit.

Jeanne ne démentit pas un seul instant les
espérances qu'elle avait fait concevoir à la
mère Thérèse et à la sœur Mélanie. Dès qu'elle
eut fait sa première communion et cessé de
fréquenter l'école des sœurs, elle se livra tout
entière aux soins du ménage. En peu d'années elle fut en état de remplacer la mère Thérèse, et celle-ci, qui commençait à souffrir
des infirmités de l'âge, put prendre quelque
repos.

Vers ce temps, Jeanne fut demandée en
mariage par le fils d'un riche cultivateur. La
mère Thérèse fut vivement affectée; car elle
n'avait pas encore songé à la possibilité de se
séparer de sa chère fille. Cependant elle sur-
monta son émotion, et fit part à Jeanne, avec
le plus de calme qui lui fut possible, du
parti avantageux qui se présentait pour elle.

Jeanne répondit les larmes aux yeux : « Vous consentiriez donc sans peine à ce que je vous quitte?

— Sans peine, non, ma fille, tu ne peux pas le penser; mais quand nous t'avons prise avec nous, ce n'était pas pour notre avantage, c'était pour le tien; et aujourd'hui qu'il se présente un très bon parti pour toi, nous ne sommes pas assez égoïstes pour te détourner de l'accepter. Sans doute il m'en coûtera de me séparer de toi (et ici des sanglots étouffaient sa voix); mais enfin je me dirai que c'est pour ton bien, et cette pensée adoucira ma douleur.

— Et moi, s'écria la jeune fille en se jetant avec élan dans les bras de sa mère, je ne veux pas vous quitter; je ne vous quitterai jamais, fût-ce pour épouser un prince. Oh! je vous en conjure, ne me parlez plus de ce mariage, si vous ne voulez pas me faire croire que vous ne m'aimez plus! » Et, en disant ces mots, elle couvrait de baisers et de larmes la figure de la bonne femme qui pleurait et riait en même temps.

Le soir, la mère Thérèse rendit compte à son

mari de ce qui s'était passé entre Jeanne et elle.

« Je sais bien, dit le père Bon-Sens, un moyen d'empêcher Jeanne de nous quitter, ce serait de la marier à Jean-Pierre.

— J'y ai déjà songé, répondit la mère Thérèse ; mais il faudrait sonder là-dessus les dispositions de notre fils avant de rien dire à Jeanne.

— Je m'en charge, répondit le père Bon-Sens ; et toi tu parleras ensuite à la petite pour connaître les siennes. »

Le résultat de cette double enquête fut que les deux jeunes gens, qui s'étaient jusque-là aimés comme frère et sœur, étaient tout disposés à s'aimer comme mari et femme. En conséquence leur mariage fut arrêté, et il fut célébré vers la fin d'octobre 1850, le jour anniversaire de celui où le père Bon-Sens avait rencontré dix ans auparavant les enfants Rafanel, à la chapelle de Notre-Dame-des-Bois.

Toute la famille assistait à la noce. Baptiste avait apporté en cadeau à sa belle-sœur une belle statue de la sainte Vierge, sculptée par lui sur le modèle de celle de Notre-Dame-des-Bois.

Un élégant sergent-major de voltigeurs était arrivé sans s'être fait annoncer : c'était Joseph, qui se trouvait en garnison à Paris, et qui, ayant obtenu un congé de six mois, avait voulu en profiter pour surprendre sa famille et assister à la noce de sa sœur. Ce n'était plus le nonchalant petit paysan que nous connaissions ; il était vif, sémillant, et paraissait enchanté de l'état militaire. Nous laissons à juger quel accueil ils reçurent tous les deux.

Parmi les invités se trouvaient quelques amis du père Bon-Sens, entre autres M. Bergeret, le maire de Longuay, et son domestique Nicolas. Celui-ci avait reçu une invitation directe de la mariée, qui le priait gracieusement d'assister à sa noce, comme étant un de ses plus anciens amis, à qui elle devait d'avoir fait la connaissance de son vénérable père.

Au moment où le repas des noces était terminé, on entendit tout à coup la cloche de la paroisse tinter une agonie. Ce son lugubre suspendit la joie qui éclatait sur tous les visages, et presque au même instant on annonça que la personne en danger de mort était M. Malsang, qui venait d'avoir une nouvelle attaque d'apoplexie (c'était la troisième), et qui probablement ne passerait pas la nuit.

« Mes enfants, dit aussitôt le père Bon-Sens aux jeunes gens, vous ne pouvez pas vous livrer aux éclats d'une joie bruyante au moment où un de vos parents va rendre le dernier soupir. Quoique vous n'ayez reçu de lui aucun bienfait, et que vous ne soyez pas tenu envers lui à des témoignages de reconnaissance, vous n'avez pas à vous en plaindre; car il ne vous devait absolument rien. Il était maître de disposer de son bien comme bon lui semblait, et vous devez respecter sa volonté. Mais vous n'en êtes pas moins attaché à lui par les liens du sang, et il serait contraire à toutes les convenances, à toutes les bienséances, que cette soirée se passât en joie pendant que votre parent se meurt. »

A ces mots, tous les convives étrangers se

retirèrent, et, quand il ne resta plus que la famille, le père Bon-Sens fit la prière du soir, qu'il termina par la prière pour les agonisants.

CONCLUSION

Oui, M. Malsang touchait à sa dernière heure ; mais il n'était pas seul dans le château qui fût à l'article de la mort. Mlle Catherine était au moins aussi malade que lui, quoiqu'on cherchât à dissimuler la gravité de sa maladie pour des raisons que nous allons expliquer. Mais il faut pour cela revenir en peu de mots sur ce qui s'est passé dans cette maison les années précédentes.

Aux attaques de goutte que ressentait M. Malsang, et dont nous avons parlé, succéda bientôt une attaque d'apoplexie à la suite de laquelle il resta paralysé de tout le côté droit. Il ne pouvait plus ni marcher, ni écrire, et ne parlait qu'avec peine. Ses facultés intellectuelles avaient aussi éprouvé un affaiblissement considérable.

« Nous ne craignons plus maintenant, dit M. Courtel à sa belle-sœur, qu'il puisse faire un autre testament olographe et révoquer le premier, il ne pourrait plus tester qu'en présence d'un notaire assisté de quatre témoins, mais il nous serait facile de l'en empêcher si par hasard il lui en prenait fantaisie. »

Cet état de choses dura trois à quatre ans. Il éprouva une seconde attaque. Cette fois la paralysie fit encore de nouveaux progrès; la langue fut atteinte complètement, et le malheureux ne pouvait plus articuler que des sons inintelligibles, à peu près comme ceux que font entendre les sourds-muets. Il ne pouvait plus se servir de ses bras ni de ses jambes; de sorte qu'on était obligé de le faire manger comme un enfant au maillot, et de le porter de son lit dans un fauteuil, où il passait la journée.

Le médecin avait dit que cet état pouvait durer plus ou moins longtemps, peut-être des mois, peut-être des années; mais que la troi-

sième attaque l'emporterait infailliblement;
que, du reste, il ne recouvrerait jamais l'usage
de ses membres ni de la parole.

Mme Catherine et sa famille, désormais parfaitement sûrs d'un héritage que rien ne pouvait leur enlever, montraient le testament à qui
voulait le voir, et agissaient en propriétaires
absolus des biens de M. Malsang. M. Croutel
renouvelait les baux avec les fermiers, touchait
les fermages et en donnait quittance.

La gouvernante avait cessé de soigner elle-
même son maître. Elle avait chargé de cette
besogne Lolotte, l'ancienne fille de basse-cour,
robuste paysanne, qui s'en acquittait avec le
même zèle qu'elle mettait auparavant à soigner
ses vaches.

Souvent M. Croutel invitait ses amis à des
repas somptueux, où les meilleurs vins cou-
laient à flots. A la fin de ses repas, les convives
échauffés entonnaient quelques refrains ba-
chiques, qui se faisaient entendre jusque dans
la chambre du pauvre paralytique. Celui-ci
avait conservé intact les deux sens de l'ouïe et
de la vue; il avait conservé aussi toute sa connaissance, malgré l'affaiblissement de quelques-

4*

unes des facultés de son esprit; il entendait
donc parfaitement les bruits de l'orgie; il voyait
de sa fenêtre, auprès de laquelle était ordinai-
rement installé son fauteuil, les allées et les
venues des parents et amis de sa gouvernante;
s'il eût pu douter de ce qui se passait, sa
gardienne, qu'il interrogeait du regard et
d'un son rauque qu'il tirait de son gosier, le
mettait au courant de tous ces détails. Alors
son œil s'enflammait de colère et d'indigna-
tion, puis, s'affaissant sous le sentiment de
son impuissance, il baissait la tête et versait
silencieusement des larmes de regret et de dé-
sespoir. Voir sous ses yeux dilapider ses trésors,
dévorer son héritage, sans pouvoir faire entendre une plainte, ni y mettre le moindre em-
pêchement; se voir abandonner comme un être
inutile, dont on n'avait plus rien à craindre
ni à espérer, aux mains d'une gardeuse de
vaches et de dindons: tel fut pendant des années entières le supplice auquel fut con-
damné cet homme dont l'avarice et l'égoïsme
avaient été les passions dominantes durant
toute sa vie.

M. Croutel père n'était pas celui qui con-

tribuait le plus à manger les revenus des
biens de M. Malsang. Son fils Julien y allait
plus largement encore. Sous prétexte de suivre
les cours de droit, il avait obtenu de sa tante
l'autorisation d'aller à Paris, et elle lui avait
alloué une pension de trois mille francs pour
sa dépense. Mais au bout de trois mois les mille
écus étaient déjà mangés. Une pareille somme
lui fut envoyée; elle dura encore moins que la
première. A un troisième appel de fonds, la
tante refusa net; mais le père, à l'aide de la
procuration de M. Malsang, sut trouver moyen
d'envoyer encore de l'argent à son fils. A la fin
il se lassa à son tour; alors M. Julien fit des
dettes, et il escompta la succession à venir de
sa tante ou plutôt de M. Malsang. Il ne manque
pas à Paris de ces prêteurs d'argent, toujours
disposés, moyennant des intérêts usuraires, à
venir en aide aux fils de famille, ou soi-disant
tels. Ainsi M. Julien se faisait appeler M. de la
Croutellerie; il menait grand train; il se disait
l'unique héritier d'*un oncle millionnaire,*
et maintenant paralytique. Le prêteur, après
des informations sommaires, avança dix mille
francs, puis vingt, puis trente. Enfin, au

bout de deux à trois ans, la dette avec les intérêts se montait à près de deux cent mille francs.

Le créancier, las d'attendre plus longtemps, fit rendre un jugement contre M. Julien, *vicomte* de la Croutellerie (car il avait pris ce titre, précisément à l'époque où le gouvernement républicain de 1848 avait aboli tous les titres de noblesse); il fut enfermé à la prison de Clichy jusqu'à ce que l'*oncle millionnaire* voulût bien mourir ou payer pour son neveu.

En apprenant les folles dépenses et l'arrestation de son neveu, Mlle Catherine entra dans une violente colère; elle accusa son beau-frère et sa sœur d'avoir gâté leur enfant, et déclara que pour elle elle n'avait pas l'intention de laisser sa fortune à un prodigue, à un mange-tout, et qu'elle trouverait dans sa parenté quelqu'un plus digne que lui d'être son héritier.

Le père et la mère prirent le parti de leur enfant; il en résulta une querelle terrible, qui brouilla pendant quelque temps cette honnête famille.

Sur ces entrefaites, M. Malsang fut enfin atteint de cette troisième attaque qui devait

être mortelle, et qui était depuis si longtemps
attendue; mais en même temps et presque à
la même heure, Mlle Catherine fut attaquée du
choléra, qui depuis quelque temps régnait dans
le pays.

Malgré les soins qui lui furent prodigués,
elle fut bientôt à toute extrémité. L'anxiété de
M. Croutel fut au comble; car si sa belle-sœur
mourait avant M. Malsang, adieu la succession
de ce dernier. Aussi celui-ci fut-il complètement abandonné; aucune des prescriptions
ordonnées par le médecin ne fut exécutée,
tandis qu'on s'efforçait de prolonger l'existence
de la gouvernante, ne fût-ce qu'une heure ou
deux de plus que celle de son maître.

Ce fut alors que M. Croutel imagina de faire
sonner l'agonie de M. Malsang, sans parler de
la maladie de sa belle-sœur, afin que si celle-ci
mourait la première, on pût croire qu'elle n'é-
tait morte qu'après lui, et que par conséquent
elle avait pu en hériter.

Le médecin, qui était un honnête homme,
quand il entendit sonner l'agonie, soupçonna
quelques manœuvres frauduleuses, et voulut
les prévenir. Il se disposait à retourner au

château quand il rencontra M. Bergeret avec
quelques-uns des convives du repas de noce de
Jean-Pierre et de Jeanne. Il leur raconta en
peu de mots ses craintes, et les engagea à l'accompagner pour servir de témoins au besoin.
M. le curé fut aussi appelé, et tous ensemble
se rendirent directement à la chambre de
M. Malsang.

Ils le trouvèrent étendu sur son lit, sans
mouvement, mais respirant encore. Le médecin
demanda à Lolotte si l'on avait fait les frictions
et mis les sinapismes qu'il avait prescrits. Elle
répondit que M. Croutel n'avait pas voulu,
disant que c'était inutile. « Je m'en doutais,
reprit le docteur : eh bien, nous allons le faire
nous-mêmes. »

Chacun s'empressa d'aider le médecin, et
bientôt le malade rouvrit les yeux ; sa respira-
tion devint plus facile, et son regard, hébété
d'abord, parut s'éclairer peu à peu et annoncer
le retour de l'intelligence. — M. le curé s'approcha de lui, lui parla avec douceur, et le malade sembla l'écouter avec plaisir.

« Laissons là monsieur le curé, dit le médecin, et allons voir Mlle Catherine. »

En les voyant arriver, M. Croutel comprit que tout espoir était perdu. Il essaya pourtant encore de leur donner le change en disant: « Hélas! quel malheur! deux morts à la fois dans une maison! il n'y a guère que trois à quatre heures que M. Malsang est mort, et voilà ma sœur qui vient d'expirer à l'instant. »

Le médecin s'approcha sans lui répondre du lit où gisait le cadavre. Après l'avoir examiné, il dit: « Oui, elle est morte, il y a même plusieurs heures. » Et comme M. Croutel allait protester, il s'empressa d'ajouter: « Mais vous avez tort de dire qu'il y a deux morts dans la maison; il n'y en a qu'un pour l'instant. M. Malsang vit encore, et reçoit en ce moment les exhortations et les secours spirituels de M. le curé. »

M. Croutel fut atterré, et garda le silence.

Deux des assistants s'offrirent à veiller M. Malsang. M. Croutel voulait s'y opposer. « Vous n'en avez pas le droit, répondit M. Bergeret; je suis suppléant du juge de paix, et en cette qualité je vous engage à ne rien détourner de la succession Malsang, sur laquelle désormais vous n'avez aucune prétention; car

la justice vous en ferait rendre un compte
sévère. »

M. Malsang expira le lendemain matin, vers
huit heures.

M. Bergeret qui avait passé la nuit à Brugey,
alla lui-même annoncer le premier cet événement au père Bon-Sens. Il lui dit en terminant
son récit : « Maintenant, mon ami, permettez-
moi de vous féliciter d'avoir donné à votre fils
une femme qui lui apporte trois cent mille
francs de dot le lendemain de son mariage, et
de ce que chacun de vos deux autres enfants
adoptifs a une fortune pareille.

— Ah! monsieur Bergeret, je ne sais pas si
je dois me féliciter ni féliciter mes enfants de
cette fortune qui leur arrive si inopinément.
Peut-être eussent-ils été plus heureux dans la
médiocrité où ils ont vécu jusqu'ici, qu'ils ne
le seront dans l'opulence. Dans tous les cas,
Dieu m'est témoin que je n'ai jamais ni désiré
ni rêvé cette fortune pour eux.

— Mon cher ami, tout le monde en est con-
vaincu; chacun sait qu'en adoptant ces enfants
vous ne l'avez fait qu'en vue de Dieu et pour
Dieu; mais, comme le disait fort bien tout à

l'heure M. votre curé, avec qui nous causions de tout cela : « C'est là une nouvelle preuve de ce que nous lisons dans l'Écriture : *Cherchez d'abord et avant tout le royaume de Dieu, et le reste vous sera donné par surcroît.* »

FIN

TABLE

14850. — Tours, impr. Mame.

Original en couleur

NF Z 43-120-8

www.ingramcontent.com/pod-product-compliance
Lightning Source LLC
Chambersburg PA
CBHW071952110426
42744CB00030B/879